LES GRAVEURS DE L'ÉCOLE DE FONTAINEBLEAU

IV

LES EAUX-FORTES

NOMMÉES OU MARQUÉES

PAR

F. HERBET

FONTAINEBLEAU

IMPRIMERIE DE MAURICE BOURGES

32, rue de l'Arbre-Sec

1901

LES EAUX-FORTES NOMMÉES

OU MARQUÉES

Extrait des *Annales de la Société historique et archéologique du Gâtinais (1900)*.

———

DU MÊME AUTEUR :

LES GRAVEURS DE L'ÉCOLE DE FONTAINEBLEAU : I. *Catalogue de l'œuvre de L. D.* — Fontainebleau, Maurice Bourges, 1896 (in-8º).

LES GRAVEURS DE L'ÉCOLE DE FONTAINEBLEAU : II. *Catalogue de l'œuvre de Fantuzi.* — Fontainebleau, Maurice Bourges, 1897 (in-8º).

LES GRAVEURS DE L'ÉCOLE DE FONTAINEBLEAU : III. *Dominique Florentin et les burinistes.* — Fontainebleau, Maurice Bourges, 1899 (in-8º).

PROCHAINEMENT :

LES GRAVEURS DE L'ÉCOLE DE FONTAINEBLEAU : V. *Les eaux-fortes anonymes.*

———

LES GRAVEURS DE L'ÉCOLE DE FONTAINEBLEAU

IV

LES EAUX-FORTES

NON NOMMÉES OU MARQUÉES

PAR

F. HERBET

FONTAINEBLEAU

IMPRIMERIE DE MAURICE BOURGES

32, rue de l'Arbre-Sec

—

1901

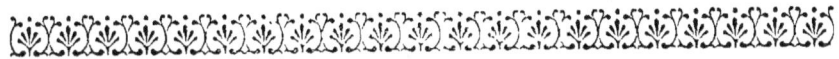
IV.

LES EAUX-FORTES NOMMÉES
OU MARQUÉES

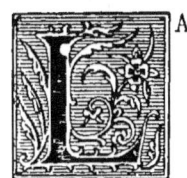A liste qui suit ne comprend que des graveurs du xvie siècle, c'est-à-dire des artistes qui ont vécu du temps du Rosso et du Primatice, ou qui du moins ont pu voir leurs travaux dans leur fraîcheur et leur inté‑grité, avant toute restauration. On n'y cherchera donc pas le prétendu Heuy, de Bartsch, qui n'est autre que Zacharie Hintz (1611-1669).

Ce n'est pas que le xviie siècle n'ait été fécond en graveurs qui ont longtemps prolongé la gloire de l'École. Antoine Garnier, Alexandre Bettou, Théo-dore Van Thulden, Bonneionne, Ferdinand, sont des témoins précieux qu'on a le devoir d'interroger. Fontainebleau était alors un centre d'études, où s'arrêtaient les peintres en allant en Italie ou en revenant. Henri IV et Louis XIII avaient suivi le mouvement créé par François Ier. Sous leurs règnes, les Ambroise Dubois, les Fréminet, les Dubreuil, les Simon Vouët, avaient renouvelé la décoration du château. Plusieurs générations d'artistes avaient laissé à Fontainebleau des descendants qui vivaient là, dans l'exercice de charges variées : concierges, jardiniers, officiers des chasses ou de judicature, et qui continuaient en même temps à pratiquer l'art illustré par leurs ancêtres.

Mais le domaine artistique de Fontainebleau est assez vaste pour que des classifications y soient nécessaires : la chronologie fournit la plus simple. C'est la raison qui nous a fait choisir l'année 1600 comme limite de l'École de Fontainebleau, dans son premier essor.

Ce choix est nécessairement un peu arbitraire ; il ne répondrait pas aux divisions qu'il faudrait établir dans une Histoire de la Peinture. A ce point de vue, la date de la mort du Primatice, 1570, s'imposerait davantage, et tels peintres-graveurs que nous citons ici, Dupérac et Boba, par exemple, seraient alors mieux classés dans la seconde période. Mais la gravure a eu son évolution particulière, retardant nécessairement sur celle de la peinture. Les tableaux sur toile des Flamands avaient déjà commencé à remplacer les fresques italiennes, qu'on gravait toujours et à peu près de la même manière les dessins du Primatice. Puis la fougue de l'inspiration s'est amortie ; l'ardeur des débuts est tombée ; la manière est devenue plus sèche. Aussi, quoique les maîtres du xviie siècle se soient encore attachés à reproduire les compositions du siècle précédent, a-t-il paru juste de les séparer des artistes, contemporains des œuvres reproduites, et de réserver à ceux-ci l'honneur de figurer parmi les graveurs de l'École de Fontainebleau.

I. — Jacques Androuet Du Cerceau

Jacques Androuet Du Cerceau est avant tout un architecte et un vulgarisateur ; il n'a pas gravé de sa main les deux ou trois mille pièces dont on le reconnaît l'auteur. Pour l'aider dans ses nombreuses publications, il avait près de lui des élèves, une officine, et cette circonstance est de nature à rendre bien délicats et bien difficiles le discernement des estampes attribuées à cet artiste et la distribution chronologique des diverses manières que peut présenter son style, au cours d'une très longue carrière.

On ne trouvera son nom ni dans Bartsch ni dans Passavant, qui l'ont considéré sans doute plutôt comme un graveur de profession que comme un peintre-graveur. Renouvier le cite parmi les graveurs d'Orléans, en exprimant le vœu qu'il soit l'objet d'une monographie, dont il est digne à tant de titres. M. de Geymuller a réalisé ce désir et publié sur les Du Cerceau un très beau livre, qui nous servira de base[1].

L'œuvre considérable de Jacques Androuet Du Cerceau est une mine inépuisable de renseignements sur la décoration du château de Fontainebleau. Il a reproduit la plupart des ornements de stuc que le Rosso et le Primatice avaient appliqués aux murailles

---

1. *Les Ducerceau, leur vie et leur œuvre,* par le baron Henry de Geymuller (Paris, Librairie de l'Art, 1887, in-4°).

des chambres et des galeries ; il a employé les compositions peintes à fresque comme motifs des décorations qu'il composait. Malheureusement, il n'a pas eu pour Fontainebleau le soin qu'il a pris par exemple pour les ruines de Rome, celui d'indiquer au bas des planches le nom du lieu qui lui fournissait ses dessins. Nous avons donc le devoir de ranger cet artiste parmi les graveurs de l'École de Fontainebleau et de chercher à extraire de son œuvre les renseignements qu'il contient sur le château.

M. de Geymuller n'a pas réussi à fixer d'une manière certaine la date et le lieu de naissance de Jacques Androuet Du Cerceau. Il faut nous en tenir à l'affirmation de La Croix du Maine, qui le dit Parisien, et constater en même temps qu'il était bourgeois de Montargis. Le tableau généalogique dressé par M. de Geymuller[1] doit subir les modifications suivantes :

Julienne Androuet, épouse de Jean de Brosse, mère de Salomon de Brosse, était la fille de Jacques Ier Androuet Du Cerceau et non sa sœur (Ch. Read, *Bulletin de la Société de l'Histoire de Paris*, t. IX, 1882, p. 150).

La femme de Jacques Ier s'appelait Catherine David; il semble qu'elle soit morte avant lui (Eugène Thoison, *Bulletin historique et philologique*, 1896).

Jacques Ier a eu une autre fille, N..., mariée à un sieur Constant (Eugène Thoison, *idem*).

François (n° 21), baptisé le 21 février 1666, qualifié

---

1. Pages 280 et 281.

receveur et bourgeois de Paris, est en réalité mort à l'âge de 4 ans.

François, Marie-Anne, Pierre et Baptiste (n° 22 à 25), ne sont pas les enfants du François ci-dessus, mais ceux de Jacques, sieur de Bardillière (nᵒˢ 18), orfèvre, et de Marie Béliard. Ce Jacques était commis à la recette du Bureau des Aides, à Melun[1].

Il serait tout à fait impossible, et d'ailleurs l'histoire de Fontainebleau n'en tirerait aucun avantage, de décrire ici l'œuvre entier de Jacques Androuet Du Cerceau. Nous en extrayons seulement ce qui est relatif au château et aux artistes de l'École, dans l'ordre du catalogue sommaire dressé par M. de Geymuller.

---

1. Voici les mentions portées au *Registre des baptesmes, mariages et enterremens de ceux de la religion P. R. qui ont leur exercice à Bois-le-Roy*, registre conservé aujourd'hui au greffe du Palais de justice de Fontainebleau :

Du 25 mars 1670, enterrement de François, âgé de quatre ans, fils de Jacques Androuet du Cerceau, bourgeois de Paris, demeurant à Melun ;

Du 29 juin 1670, baptême d'Anne-Marie, fille de Jacques Androuet du Cerceau et de Marie Beliard ; le directeur des Aides en l'élection de Melun est parrain ;

Du 21 juillet 1670, enterrement de Pierre Androuet du Cerceau, âgé de trois ans et demi ;

Du 14 août 1670, enterrement d'un commis à l'exercice des Aides ; Jacques Androuet du Cerceau, commis à la recette du Bureau des Aides, est témoin.

Du 9 septembre 1671, enterrement de Marie Androuet du Cerceau, âgée de quatorze mois ;

Du 3 janvier 1672, baptême de Baptiste, fils de Jacques Androuet du Cerceau, receveur des Aides, et de Marie Beliard.

ŒUVRE DE JACQUES ANDROUET DU CERCEAU

(Extraits.)

I. Les fragments antiques, composés de 13 pièces, gravés sur les dessins de Leonardus Theodoricus, mort récemment à Anvers (1550).

Ce Leonardus Theodoricus n'est autre que Léonard Thiry, peintre flamand travaillant à Fontainebleau sous les ordres du Rosso ; il ne doit pas être identifié avec le graveur L. D.

II. Les paysages : L. 172 ; H. 108. Suite de 25 pièces anonymes analogues, sauf pour les dimensions, aux paysages de L. D.

III. *Les plus excellents Bastimens de France*. Première édition du Deuxième volume, 1579 ; Deuxième édition, 1607. On y trouve une notice et sept planches sur Fontainebleau. « Fontainebleau est un lieu assis dans la Forest de Bière en une plaine, fermé de divers costez, rochers et montaignes couvertes de buys de haulte fustaye. Anciennement, c'estoit un vieil bastiment où les Rois par quelques fois se retiroyent pour estre là comme en lieu solitaire. Le Roy François Premier, qui aimoit tant à bastir, considérant ce lieu ainsi fermé de ses rustiques, y print fort grand plaisir : et de faict, le fist bastir comme il est de présent. Les anciens récitent qu'en ce lieu y avoit une grosse tour, où de présent et sur les fondemens d'icelle est la Chapelle, prochaine de la grand salle du bal, et s'est-on servy d'aucuns vieils fondemens. La plus grande partie du logis est bastie de grets, comme mesme ils en ont les rochers sur le lieu, avec brique : principalement la basse court, laquelle en grandeur excede toutes autres courts des bastimens Royaux. En la seconde court, y a source de fontaine, et se dict que c'est la plus belle eauë de source qui se voye guères et que par ce on l'appeloit belle eauë, maintenant Fontainebleau. Ce lieu est à demie lieue de la rivière de Seine. La terre n'est que sablonnage, tellement que les arbres de la dicte forest ne sont pas communément de belle grandeur et ne peuvent gueres bien prouffiter. Le feu Roy François, qui le fist bastir, s'y aymoit merveilleusement : de sorte que la plus grande partie du temps il s'y tenoit, et là enrichy de toutes sortes de commoditez, avec les galleries, salles, chambres, estuves, et autres membres, le tout embelly de toutes sortes d'histoires, tant peinctes que de relief, faites par les plus excellens maistres que le Roy pouvoit recouvrer de France et d'Italie, d'où il a faict venir aussi plusieurs belles pièces antiques. En somme, que tout ce que le Roy pouvoit recouvrer d'excellent, c'estoit pour son Fontainebleau : où il se plaisoit tant, que y voulant aller, il disoit qu'il alloit chez soy : qui fut cause, que plusieurs grands seigneurs y firent bastir chacun en son particulier, tant que pour le jourd'huy y a beaucoup de beaux logis, et dignes d'estre remarquez. Mais depuis la mort du feu Roy François le lieu n'a pas esté si habitué ne fréquenté, qui sera cause qu'il ira avec le temps en ruine, comme sont beaucoup d'autres places que j'ay veuës, à cause de n'y habiter. Tout joignant la basse court est un Couvent de Mathurins que le feu Roy Loys y fonda. Depuis quelque temps le principal du bastiment a esté par le roy Charles neuviesme clos et fermé d'un fossé, excepté la basse court à raison des guerres civiles. Ce lieu est prochain de quatorze lieües de Paris, de quatre lieües de Nemours, de deux lieües de Moret, à quatre lieües de Melun, à quatre lieües de Montereau et de Milly : Les prochains lieux seigneuriaux sont Blandy à quatre lieües, et Valery à sept. Ce lieu est accompagné d'un fort bel estang, au long duquel est la chaussée revestue de quatre rangs d'ormes, faisant séparation de deux grands jardins comme le tout voyez desseigné par le plan. »

1. Le plan du bastiment avec son contenu. *Planum ædificii cum omni consepto.*
2. Le plan de tout le bastiment. *Planum ædïficii totius loci.*
3. Veues du lieue du costé du bourg. *Conspectus loci ab ea parte quæ respicit vicum.*
4. Veues du logis du costé de l'estang. *Conspectus ædificii a latere stagni.*
5. Face dedans la basse court. *Facie in aream majorem spectans.*
6. Face dans la court de la fontaine. *Facies in aream spectans in qua est fons.*
7. Face dans la court de la Fontaine. *Facies in aream spectans in qua est fons.*

IV. Première suite de dix pièces, dite des Grands Cartouches de Fontainebleau. Premier état, avant les numéros. Deuxième état, les planches sont numérotées de 1 à 10 avec des chiffres à rebours, dans le milieu du haut. Troisième état, avec le nom d'un éditeur, *I. Honervogt exc.*, 222 à 227 sur 160 à 167. Sauf indication contraire, les pièces sont en largeur.

1. Panneau rectangulaire vide, dans des cuirs. De chaque côté, torse de femme, sans bras, supportant un panier de fruits.
2. Décoration de plafond, dans un panneau vide, où l'on remarque à droite, dans un entrecolonnement, un taureau accompagné de deux hommes.
3. Décoration de plafond, dans un panneau vide, orné en haut et dans les angles du bas de figures d'anges. De chaque côté, à mi-hauteur, anges sonnant de la trompe.
4. Le Sacrifice. Deux hommes dont un, à gauche, lève les mains jointes, sont autour d'un bélier placé sur un bûcher fumant ; en haut la salamandre. Ce sujet est entre deux colonnes qui séparent des cadres coupés par la bordure.
5. Femme dans une niche, portant un croissant sur la tête, derrière des cuirs ; les jambes sont dans une gaine. En hauteur.

Dessin reproduit dans les Petits Cartouches, n° 25, sauf que, dans ce dernier, les jambes de la femme apparaissent. A rapprocher aussi d'un bas relief du Musée de Troyes.

6. Cadre rectangulaire vide, coupé sur la gauche. A droite, dans une niche, un ange terme dans des guirlandes de fruits, surmonté du F passé dans une couronne.

7. Cadre carré vide, au milieu d'un montant d'ornements, formés de cuirs et de guirlandes de fruits.

8. Encadrement vide surmonté d'un fronton; au-dessous de ce fronton, la salamandre. De chaque côté, homme et femme caryatides.

C'est l'encadrement du septième tableau à gauche de la galerie François Ier, *Vénus châtiant l'Amour*, déjà reproduit par Fantuzi (F. H. 4); il a été copié par Schiavone (B. 26) et se retrouve encore dans les Petits Cartouches, n° 17.

9. Cadre rectangulaire vide, dans des cuirs, où l'on remarque en haut des enfants sonnant du cor. Guirlandes de fruits.

10. Colonne terminée par un torse de satyre séparant un cadre vide à gauche d'une moitié de cadre à droite.

Dessin reproduit dans les Petits Cartouches, n° 21.

V. Deuxième suite des Grands Cartouches de Fontainebleau. Mêmes états que la première suite, 230 à 235 sur 153 à 165, sauf la première pièce qui est ronde.

1. Cadre carré vide. De chaque côté deux enfants s'embrassent. Pièce ronde. D. 220.

Ornementation de la face transversale de la galerie François Ier, du côté du grand escalier.

2. Petit cadre carré; en bas, squelette de crâne d'animal; plus bas, enfants-lions ailés s'embrassant. En hauteur.

A rapprocher d'une planche de Fantuzi (F. H. 19) et d'une planche de Schiavone (B. 19). La composition a été aussi reproduite dans les Petits Cartouches, n° 3.

3. Rond dans des encadrements. En haut, génie assis, tourné vers la gauche, tenant le F à rebours; au-dessous, tête

d'animal à cornes entre deux petits génies; en bas, buste de femme entre deux autres génies. En hauteur.

Même composition dans les Petits Cartouches, n° 18, et chez Schiavone (B. 17).

4. Cadre carré vide, à l'intérieur d'un cadre rond, entouré d'une décoration, où l'on remarque en bas des enfants lisant et des chiens; sur les côtés, trois femmes supportent des paniers de fruits.

C'est la décoration du 4e tableau à droite de la galerie François Ier, *Danaë*, copiée par le restaurateur de la galerie pour la *Nymphe de Fontainebleau*, placée en face. On retrouve cette composition dans une eau-forte de Fantuzi (F. H. 3), dans un burin de René Boyvin (R. D. 18), et dans une copie anonyme.

5. Petit ovale; en haut, deux salamandres se tenant par le cou. En bas, le F dans une couronne entre deux enfants à cheval sur des Pégases. En hauteur.

A rapprocher d'une eau-forte de Fantuzi (F. H. 8) et d'une planche de Schiavone (B. 15). Même composition dans les Petits Cartouches, n° 20.

6. Rond vide entre deux satyres termes; au-dessus, un enfant soufflant dans deux longues cornes. En hauteur.

A rapprocher d'une eau-forte de Fantuzi (F. H. 20).

7. Dessin de porte : médaillons aux quatre coins. Au milieu de chaque côté, verrou orné d'une tête de femme à gauche, d'une tête de lion à droite.

8. Cadre ovale vide. Deux anges assis dans les écoinçons.

Même composition dans les Petits Cartouches, n° 5.

9. Cadre carré laissant un rond vide dans un panneau. On voit à chaque angle du bas un couple de satyre et satyresse se caressant.

Décoration reproduite par Fantuzi (F. H. 13), et Schiavone (B. 30); on la retrouve dans la série des Petits Cartouches, n° 24.

10. Vieillard à longue barbe dans une niche entre deux petits termes, à gauche d'un cadre carré. Au-dessous le F à **rebours dans une couronne**.

Partie de la décoration du troisième tableau à gauche, dans la galerie François Ier, l'*Embrasement de Catane*. A rapprocher d'une planche de Fantuzi (F. H. 2) et du n° 23 des Petits Cartouches.

VI. Les Petits Cartouches de Fontainebleau.

M. de Geymuller compte trente-six pièces. Mariette, dans son catalogue du Primatice, annonce : « Divers ornements de grotesque peincts à Fontainebleau par messer Nicolo et par les autres élèves du Primatice, gravés à l'eau forte par Jacques Androuet du Cerceau, en une suite de 26 planches. » Enfin Baldus, qui a donné une reproduction héliographique d'une partie de l'œuvre de Du Cerceau, a publié une suite de 33 pièces. Nous allons en donner le détail.

Dimensions : 170 à 180 sur 110 à 130 : la plupart des pièces sont en largeur.

1. Cadre ovale, sur un soubassement. A gauche une femme, à droite un homme, tous deux nus, portant des fruits. En hauteur.

Même composition chez Schiavone (B. 16).

2. Cadre carré ; de chaque côté une femme terme dans des cuirs. Nombreux enfants dans des guirlandes de fruits.

Même composition chez Fantuzi (F. H. 10), et chez Schiavone (B. 25).

3. Cadre carré vide au milieu d'ornements qui semblent être la reproduction d'un plafond. En bas, deux enfants ailés terminés en lions qui s'embrassent ; sur les côtés, personnages tenant des têtes de Méduse. En hauteur.

A rapprocher d'une planche de Fantuzi (F. H. 14), et d'une planche de Schiavone (B. 19). La même composition existe dans les Grands Cartouches, n° 2 de la deuxième suite.

4. Cadre rectangulaire vide : en haut, des hommes nus soufflant dans des instruments de musique. Sur les côtés, vieillards termes portant un rond sur la poitrine, accompagnés chacun de deux anges.

C'est la décoration du septième tableau à droite, dans la galerie de François Ier, *Combat des Centaures et des Lapithes*. Fantuzi l'a reproduite (F. H. 5). Dans le tableau comme dans l'estampe de Fantuzi, le F de François Ier est inscrit dans les ronds que Du Cerceau a laissés vides.

5. Cadre ovale vide, avec deux femmes ailées dans des cuirs.

Même composition dans les Grands Cartouches, n° 8 de la deuxième suite.

6. Cadre rectangulaire vide entre deux ronds vides, dans une ornementation où l'on remarque, en haut, deux couples assis, les jambes entrelacées.

Une eau-forte anonyme (B. 139) et une planche de Schiavone (B. 24) offrent la même composition.

7. Cadre orné, entouré de satyres, de génies, de sphinx ailés.

C'est la décoration de la cheminée du salon dit de François Ier. On la retrouve dans une planche de Schiavone (B. 28).

8. Cadre ovale vide, entouré de trois enfants et de guirlandes de fruits. Dans des cuirs, de chaque côté, groupe de trois enfants.

Même composition chez Fantuzi (F. H. 19), et chez Schiavone (B. 31).

9. Cadre ovale à ressauts, superposé à un cadre rectangulaire, sur lequel sont assises deux figures au milieu de guirlandes de fruits. Enfants à droite et à gauche.

Même composition chez Fantuzi (F. H. 9), et chez Schiavone (B. 23).

10. Cadre ovale allongé vide, dans des ornements où l'on remarque à gauche une femme, à droite un homme. Dans le bas, deux figures renversées, avec chacune un enfant ; celui de gauche tette sa mère.

Une eau-forte, décrite par Bartsch parmi les anonymes (B. 120), que nous attribuons plus loin au maître G. R., offre la même composition ; Schiavone l'a aussi reproduite (B. 32).

11. Plafond composé uniquement de motifs d'architecture.

12. Plafond orné de cuirs.

13. Cadre rectangulaire entre deux cadres ronds, tous vides. En bas, une femme à gauche, un homme à droite, assis dans des draperies qui flottent derrière eux. En haut, enfants et guirlandes de fruits.

14. Cadre rectangulaire vide ; en haut, tête de cerf entre deux enfants ; de chaque côté, deux enfants portant des guirlandes de fruits. En hauteur.

   Même composition chez Fantuzi (F. H. 15), et chez Schiavone (B. 18).

15. Panneau ou plafond, composé de cuirs et de guirlandes de fruits, avec un détail d'architecture gravé au bas de la planche. En hauteur.

16. Cadre rectangulaire vide ; de chaque côté, une femme assise soutient des cuirs d'où sort dans le haut un génie.

   A rapprocher d'une planche de Schiavone (B. 22).

17. Cadre rectangulaire vide ; à gauche une femme, à droite un homme, soutiennent des cuirs ; au milieu du bas, un petit cadre.

   C'est l'encadrement du septième tableau à gauche de la galerie François Ier, *Vénus châtiant l'Amour*. Le petit cadre du bas renferme une vue du château de Fontainebleau au XVIe siècle. Une serrure, au chiffre du connétable de Montmorency, conservée au Musée de Cluny, reproduit les personnages de cette décoration[1]. A rapprocher aussi d'une planche de Fantuzi (F. H. 4), d'une planche de Schiavone (B. 26), et du nº 8 de la première série des Grands Cartouches.

18. Décoration sur fond noir, présentant un rond surmonté de deux génies séparés par une tête d'animal ; au-dessus du rond, un génie assis tient le F à rebours ; en bas, deux autres génies couronnent une tête de femme. En hauteur.

   A rapprocher d'une planche de Schiavone (B. 17), et du nº 3 de la deuxième série des Grands Cartouches.

---

1. Voir *Gazette des Beaux-Arts*, 1879, 1er vol., p. 319.

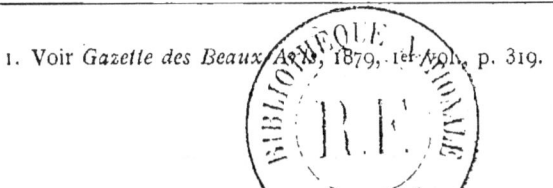

2

19. Cadre rectangulaire, dont la décoration est remarquable par deux chimères qui occupent les coins d'en bas. Au milieu, deux enfants couchés, dont un des pieds dépasse le bord inférieur du cadre.

A rapprocher d'une planche anonyme non décrite (B. N.), et d'une planche de Schiavone (B. 21).

20. Cadre ovale vide, dans une décoration où l'on remarque en haut deux dragons qui se tiennent par le cou, et en bas des enfants sur des chevaux ailés. En hauteur.

A rapprocher d'une planche de Fantuzi (F. H. 8), d'une planche de Schiavone (B. 15), et du n° 5 de la deuxième suite des Grands Cartouches.

21. Un cadre entier et un demi-cadre séparés par des cuirs et par une colonne surmontée d'un torse de satyre.

A rapprocher du n° 10 de la première série des Grands Cartouches.

22. Cadre carré vide, entouré d'ornements où l'on remarque à gauche une satyresse, à droite un satyre, portant des corbeilles de fruits, avec des enfants à leurs pieds.

C'est l'encadrement du premier tableau de droite de la galerie François Iᵉʳ, *L'ignorance chassée*. A rapprocher d'une planche de Fantuzi (F. H. 1), et d'une planche de Schiavone (B. 27).

23. Cadre carré vide, offrant de chaque côté un vieillard dans une niche, entouré d'enfants et de guirlandes de fruits.

C'est l'encadrement du troisième tableau à gauche de la galerie François Iᵉʳ, *l'Embrasement de Catane*. A rapprocher d'une planche de Fantuzi (F. H. 2), et du n° 10 de la deuxième suite des Grands Cartouches.

24. Cadre vide, irrégulier, dans des cuirs surchargés d'enfants et de fruits. On remarque, dans chaque angle du bas, un couple de satyres assis, étroitement enlacés.

A rapprocher d'une planche de Fantuzi (F. H. 13), d'une planche de Schiavone (B. 30), et du n° 9 de la deuxième série des Grands Cartouches.

25. Femme debout dans des cuirs, qui cachent la partie médiane de son corps. En hauteur.

A rapprocher d'un bas relief du Musée de Troyes, et du n° 5 de la première série des Grands Cartouches.

26. Cadre rectangulaire à ressauts. On remarque, dans la décoration qui l'entoure, de chaque côté un génie debout qui souffle dans une corne; aux angles du bas, des génies assis dans des guirlandes de fruits. Au milieu d'en haut, une tête cornue.

A rapprocher d'une planche de Schiavone (B. 20).

27. Cadre rectangulaire, dont la décoration repose sur trois pieds en forme de griffes. Deux femmes aux ailes relevées au-dessus de leurs têtes sont debout de chaque côté. En hauteur.

A rapprocher d'une planche de Schiavone (B. 14).

28. Cadre ovale vide, offrant, comme décoration, à gauche une femme qui se presse les seins, à droite un homme qui tient son coude droit dans la main gauche. En hauteur.

Même composition chez Fantuzi (F. H. 17).

29. Petit cadre carré vide dans une composition compliquée où l'on remarque, en bas, à gauche une femme, à droite un homme, tous deux couchés, mordus par des serpents; en haut, un enfant, assis sur une tête d'animal, tient aussi un serpent de la main droite.

30. Cadre rond dans des cuirs où sont disposées sept figures. En hauteur.

31. Cadre carré dans des cuirs où sont disposées huit figures. En hauteur.

Ces deux planches paraissent appartenir à l'École flamande de Corneille Floris ou de Jean Vreeman de Vriese, plutôt qu'à l'École de Fontainebleau.

32. Cadre ovale en hauteur, entre deux frontons supportés par des caryatides; on remarque dans le haut Hercule enfant étouffant les serpents. En hauteur.

A rapprocher d'une planche de Fantuzi (F. H. 11), et d'une planche de Schiavone (B. 13).

33. Dessin d'orfèvrerie, qui n'est pas ici à sa place.

VII. Livre de Grotesques. Paris, 1566.

Dans la dédicace à Madame Renée de France, duchesse de Ferrare, l'auteur dit : « ... Et maintenant qu'il a pleu à vostre bonté me retirer à vostre service, j'ay derobé quelques heures du jour et de la nuict pour ramasser un livre de grotesques, d'inventions diverses, de laquelle œuvre vostre excellence pourra predre plaisir pour la variété des choses comprinces : parties desquelles j'ay tiré de *Monceaux*, lieu fort notable, aucunes de *Fontenebleau*, autres sont de mon invention.... »

Plusieurs des petits sujets reproduits dans les planches ont été en effet empruntés à Fontainebleau. Nous citerons : Le Nil, pl. 10, d'après Primatice. Tableau du dixième compartiment de la galerie d'Ulysse, gravé trois ans plus tard par Étienne Delaune (R. D. 101)[1].

La Nymphe, pl. 22, d'après la planche de L. D. (F. H. 34). Sur la même pièce, l'Enlèvement de Proserpine, des fleuves.

Si l'on possédait le catalogue complet des œuvres du Rosso et du Primatice, on trouverait encore, dans les Grotesques, d'autres motifs qui leur sont probablement empruntés ; ainsi, pl. 1, Cavalier dans un rond central ; pl. 2, Bataille de cavaliers dans un carré central ; pl. 5, La Charité ; pl. 8, paysages ; pl. 20, l'Abondance ; pl. 21, Apollon poursuivant Daphné, femme se réveillant, etc.

VIII. Suite des fonds de coupe. Dix pièces.

La Tempête ou le Désastre maritime, reproduction du cinquième tableau à gauche de la galerie François Ier, gravé par Fantuzi (F. H. 34), et par Antoine Garnier (R. D. 70).

Il est possible que d'autres sujets de cette série proviennent aussi du château.

---

1. Voir la démonstration faite sur ce point par M. Dimier : *Le Primatice, peintre, sculpteur, architecte des rois de France*, p. 508.

IX. Pièces isolées.

1. Cartouche ovale encadrant un paysage. Des figures remplissent les écoinçons. Dans le bas, deux guirlandes de fruits séparées par une tête. H. 190; L. 223.

2. Personnages fuyant une ville en flammes. D'après le Rosso. C'est le n° 83 des Anonymes de Bartsch. L. 295; H. 372.

3. Apollon et les enfants de Niobé, d'après le Primatice; pièce encadrée dans un cartouche ovale. C'est le n° 125 des Anonymes de Bartsch, décrit comme une allégorie de l'Amour. H. 221; L. 285.

4. Apollon, d'après le Rosso. Assis dans les nuages, tenant une lyre de la main gauche et regardant en arrière par dessus son épaule droite. H. 262; L. 145.

5. Ronde de six femmes, dansant au son de la musique faite par trois satyres, placés à droite. L. 235; H. 170.

6. Le Christ descendu de la croix. Composition de 18 figures. Sur une pierre, à gauche, on lit la date de 1543; plus loin, du même côté, *R. Urbyn inv.*, et plus bas, *N. J. Visscher exc.* Composition inspirée par la gravure de Marc Antoine (B. 32), dont le dessin est attribué au Rosso par Zani, malgré l'inscription. H. 460; L. 400.

M. Robert-Dumesnil attribue encore à Du Cerceau d'autres pièces que leur description sommaire ne nous a pas permis de reconnaître : Le Serpent d'airain, la Naissance d'Adonis (nov. 1858). L'Incendie (en largeur), les Troyens introduisant le cheval de bois, le Jugement de Paris (1862).

On rencontre aussi quelquefois des copies en petit format (210×170) d'estampes italiennes ou de l'École de Fontainebleau, qui ont été attribuées à ce maître. Ainsi : *Mars et Vénus*, d'après la planche de Caraglio, qui reproduit un dessin du Rosso, conservé au Louvre;

Le Combat des Centaures et des Lapithes, d'après Enée Vico;

S. Jean prêchant dans le désert, d'après la planche anonyme que nous attribuons à Mignon (F. H. 10).

II. — FERRANDO BERTELLI

Ferrando Bertelli, de Venise, est un éditeur, un marchand, qui, à l'imitation de son confrère, N. Nelli, maniait aussi le burin. Nagler a donné la liste des gravures qui portent son nom, sans qu'on puisse dire dans quelle mesure il en est l'auteur, ou seulement l'éditeur :

Omnium fere gentium nostri ætatis habitus. 1569.
Le Christ guérissant les malades, d'après Farinati. 1566.
Le Christ en croix, d'après Jules Romain.
Vénus et Cupidon, à l'eau-forte, d'après le Titien. 1566.
Specchio della vita humana. 1566.

A cet œuvre, il convient d'ajouter la pièce suivante par laquelle cet artiste se rattache, bien faiblement d'ailleurs, à l'École de Fontainebleau.

B. 17. La Ste Vierge à genoux, lavant les pieds de l'enfant Jésus. On lit au milieu du bas : *Ferando Bertelis exc.* H. 295; L. 273.

Mariette cite la copie d'une estampe de Fantuzi (F. H. 62) : *Jésus-Christ lavant les pieds de ses disciples*, d'après Jules Romain. C'est un burin qui porte l'inscription suivante : *Apresso Donato Bertelli*.

III. — GEORGE BOBA

Tout ce que Bartsch peut nous dire de cet artiste, c'est qu'il n'est connu que par Van Mander, qui le nomme parmi les disciples de François Floris, en le qualifiant de bon peintre et inventeur[1]. Renouvier ne le cite pas.

Nous en saurons un peu davantage, si l'on consent à identifier le graveur qui signe BOBA avec le peintre George Boba, probablement originaire de Reims (*flandrus*), glorifié par tous les historiens de cette ville. Nicolas Chesneau, doyen de l'église Saint-Symphorien de Reims, en 1580, le qualifie de *pictor nobilissimus, pictorum nostræ ætatis præstantissimus*, et le compare à Jupiter; il est vrai que c'est en vers latins. Maillefer, dans son abrégé de Dom Marlot, le dit élève du Titien. G. Baussonnet n'en parle qu'avec admiration[2].

Le Musée de Reims conserve plusieurs tableaux de Boba, portraits et sujets de piété, qui sont datés de 1572, 1588, 1593, 1598, 1599. Il travaillait en 1579 pour la ville de Reims. Maître George fut le peintre en titre du cardinal de Lorraine, dont il fit un grand portrait; puis de sa sœur, Madame Renée de Lorraine, abbesse de Saint-Pierre-les-Dames.

On voit, par les dates que nous venons de citer, que George Boba appartient à l'extrême fin du XVIe siècle, alors que l'École de Fontainebleau est entrée dans la période flamande.

Les eaux-fortes signées Boba, dont Mariette attribuait la composition au Primatice, rappellent bien les paysages de l'École. Le cabinet des Peintures du château a longtemps conservé une série de huit

---

1. Dans la traduction de M. Henri Hymans: bon peintre et compositeur.

2. Voir un article de M. Sutaine, dans le 31e volume des *Travaux de l'Académie de Reims* (1861).

paysages, cités par Cassiano del Pozzo avec l'attribution au Primatice, admirés par le P. Dan, qui les
restitue à Messer Nicolo, et figurant encore sur un
inventaire de 1692[1]. C'est là sans doute que Boba,
venu à Fontainebleau dans l'intention d'étudier les
œuvres des maîtres, comme il sera de tradition de
le faire pour les artistes du siècle suivant, les aura
vus et copiés.

Nous n'avons rien à ajouter à la nomenclature de
Bartsch : il est probable que Boba a bientôt aban-
donné la gravure pour la peinture ; ses eaux-fortes
sont aussi rares que peu recherchées. Nous n'en
avons trouvé qu'une en quinze ans ; elle était dans le
carton des pièces à deux sous.

1. Un homme décapité. Le monogramme est à la droite du bas.

2. Six femmes priant la déesse Cérès. Le nom de Boba est
   en bas vers la gauche.
3. Six danseuses. Le monogramme est à la droite du bas.
4. Cérès passant dans un char. Le nom se trouve en bas à droite.
5. Femme pêchant. Le monogramme est à la gauche du bas.
6. L'Arbre abattu. Le monogramme est à la droite du bas.

   Ce ne sont pas des bûcherons, mais des soldats
   armés, qui abattent à coups de hache, au milieu d'un
   pays ruiné par la guerre, un arbre portant une petite
   niche et des ex-votos. On croirait voir le hêtre de Notre-
   Dame, au carrefour de Paris, sur la route de Chailly, dans
   la forêt de Fontainebleau.
   Dimensions des estampes : L. 166 à 175 ; H. 114.

---

1. *Arch. nat.*, O¹ 1432. (*Nouvelles Archives de l'Art français*, 1889,
p. 175.)

IV. — Geoffroy Dumoustier

Les Comptes des Bâtiments, pour la période de 1537 à 1540, portent cette mention qui se rapporte à Fontainebleau : *A Geoffroy du Moustier, paintre, 20 s. par jour*.

D'autre part, on pouvait encore rencontrer, du temps de l'abbé de Marolles, des estampes anonymes sur lesquelles une main inconnue, mais toujours la même, avait inscrit ces mots : *Me Geoffroy*, ou *G. Du Moustier f* ou *fecit*. Comme par leur style, par le procédé de la gravure, ces estampes offrent avec celles de Fantuzi une grande analogie, on ne peut faire mieux que de ranger Geoffroy Dumoustier parmi les artistes de l'École de Fontainebleau.

Il y occupe une place à part ; ce n'est pas un élève interprétant les dessins de son maître ; c'est un maître essayant d'exprimer ses propres pensées. Ses eaux-fortes ont donc, dans leur ensemble, une originalité supérieure à celles d'autres œuvres ; elles offrent un intérêt historique moindre. Je ne crois pas qu'on puisse y trouver des renseignements sur la décoration du château.

Cette observation nous dispense d'insister sur son œuvre. Le nom de Geoffroy Dumoustier ne saurait être oublié dans une histoire de l'art français ; il pourrait être omis dans celle du château de Fontainebleau. Il nous suffira donc de renvoyer à Robert Dumesnil (t. V du *Peintre-Graveur Français*), qui décrit vingt-deux estampes du maître ; à Georges

Duplessis, son continuateur (t. XI), qui en décrit quatre autres, et à Passavant, qui en signale deux, dont, seule, une *Nativité* semble n'avoir pas été comprise dans les listes précédentes. On trouvera aussi, dans Passavant, des renseignements sur les nombreux artistes du nom de Dumoustier; les Comptes des Bâtiments n'ont retenu que les noms du peintre Geoffroy et de l'imagier Cardin.

Le n° 4 de Georges Duplessis, *St Paul*, a été décrit dans le catalogue de Delbecq, de Gand, 3e partie, p. 45, comme une œuvre du maître L. D.

Les n°s 3, 5, 10 et 17 de Robert-Dumesnil ont été compris par Bartsch dans les anonymes de l'École, sous les n° 8, 9, 31 et 100.

V. — ÉTIENNE DUPÉRAC

Si l'École de Fontainebleau devait se confondre avec celles du Rosso et du Primatice, Étienne Dupérac n'aurait aucune qualité pour y figurer. Ni Bartsch, ni Passavant, ni Renouvier qui le passe complètement sous silence, ne l'ont étudié. Mais comme cet artiste a travaillé au château de Fontainebleau, comme c'est un peintre-graveur dont l'œuvre assez considérable a vu le jour au xvie siècle, comme sa manière de graver, au dire de Robert-Dumesnil, « se rapproche beaucoup de celle de Jean-Baptiste Fontana et plus encore des eaufortistes de la célèbre École de Fontainebleau », c'est avec eux qu'il convient de le classer, en faisant quelques réserves.

La date de la naissance de Dupérac est inconnue :

la placer en 1560 comme Basan, en 1549 comme Malpé, c'est faire une supposition ridicule, puisque l'une de ses planches porte la date de 1554[1]. Dupérac était alors à Rome, où il exerçait la profession d'architecte : en 1572, il est l'un des deux architectes du conclave réuni après la mort du pape Pie V, ainsi qu'en témoigne une note relevée par M. E. Müntz dans les archives d'État de Rome[2]. Il est encore à Rome en 1580 ; un dessin de la collection Crozat portait cette date. C'est pendant cette période qu'il exécute de nombreux dessins et la plupart de ses planches, reproduisant les ruines ou les monuments qu'il a sous les yeux, les fêtes auxquelles il prend part.

Un peu plus tard, il rentre en France et devient peintre et architecte du roi Henri IV. Comme peintre, il travaille pour le château de Fontainebleau ; commé architecte, il conduit divers ouvrages aux Tuileries, à Saint-Germain et au Louvre. Enfin, il meurt à Paris, non en 1601, ainsi que l'ont écrit tous ses biographes, mais en 1604, suivant l'extrait des registres de la paroisse Saint-Paul, retrouvé par M. Herluison[3] : « Le premier jour (d'avril 1604), Convoy de Monsieur du Péra, très excellent architecte, rue Saincte Catherine. Il est général service. »

Ses travaux, à Fontainebleau, ont consisté à peindre pour la troisième salle des Étuves cinq

---

1. R. D. 80. *Célébration d'une fête au Mont Testaccio.* Une autre, R. D. 2 du supplément, porte même 1543 ; mais l'attribution est douteuse.

2. *Nouvelles Archives de l'Art français*, 1877, p. 143.

3. *Actes d'état civil d'Artistes français*, 1873, p. 117.

grands tableaux sur toile, représentant les Dieux des eaux, Neptune, Triton et plusieurs nymphes et divinités, et les Amours de Jupiter et de Calisto[1]. Quoique le P. Dan, qui nous fournit cette description succincte, ne le dise pas expressément, je crois que ces tableaux ont remplacé, dans les premières années du règne de Henri IV, des peintures à fresque du Primatice et de ses élèves. En effet, la salle voisine portait une inscription : *Henricus quartus Galliarum Cesar Augustissimus restauravit*, qui doit s'appliquer à l'ensemble de l'appartement.

D'autre part, on sait que le deuxième volume des Comptes des Bâtiments préparé pour Félibien, qui se rapportait à la période de 1571 à 1599, est aujourd'hui perdu, mais qu'on en possède la table. Celle-ci nous apprend que dans les années 1593, 1594, 1597, 1598, 1599, il a été fait pour Fontainebleau des dépenses de peinture ; les travaux de Dupérac s'y trouvaient sans doute compris.

La décoration des salles des Étuves a été détruite en 1697, lorsqu'elles ont été transformées en appartements. Les tableaux sur toile ont pu être transportés ailleurs. Mais que sont-ils devenus ? On l'ignore. Ils n'ont pas été gravés, et nous en sommes réduits, pour apprécier le talent de Dupérac, à l'éloge un peu sec du P. Dan : « Peintre autrefois en estime », et à l'examen de ses estampes.

---

1. M. Dimier (*Le Primatice*, p. 282) a démontré que le P. Dan avait commis ici une erreur, et que les Amours de Jupiter et Calisto, dont il a retrouvé une partie des dessins, étaient du Primatice.

L'œuvre gravé de cet artiste, tel qu'il a été colligé par M. Robert-Dumesnil (*Peintre-Graveur Français*, VIII, p. 89) consiste en 87 planches, auxquelles M. Duplessis (t. XI, p. 85) en ajoute encore trois. Mais la troisième, marquée D. B., est sans contredit de Dirck Barentsen, peintre-graveur hollandais, qui a été, en Italie, l'élève du Titien, et qui est l'auteur de quelques paysages[1]. Cet œuvre peut se diviser en deux parties distinctes : l'une, la plus importante par le nombre, a pour objet la reproduction des ruines, des monuments que l'auteur a visités, des fêtes, des tournois auxquels il a assisté. Dans ces pièces, l'architecture joue le rôle principal ; elles révèlent bien la profession de Dupérac, qui était avant tout architecte.

L'autre partie de l'œuvre consiste dans des paysages animés de divers sujets, scènes mythologiques ou rustiques ; c'est probablement sous cet aspect que se présentaient les tableaux de la salle des Étuves.

Nous avouons d'ailleurs que nous sommes moins frappé que Robert-Dumesnil du rapprochement qu'il a trouvé entre les artistes de l'École de Fontainebleau et Dupérac. Ses planches offrent d'ordinaire un mélange de burin et d'eau-forte qui n'est pas dans les traditions de l'École. Ses paysages ressemblent sans doute à ceux de L. D. ; mais c'est précisément dans ses paysages que L. D. se montre le moins original. On trouverait facilement d'autres graveurs

---

1. Voir, à la B. N., le recueil alphabétique. Van Mander, dans la biographie de Thierry (Dirck) Barentsen, n'a pas mentionné ses estampes.

de la même époque qui ont compris le paysage de la même façon : Dirck Barentsen, par exemple, que nous citions tout à l'heure. C'est à Rome, en Italie du moins, que Dupérac, subissant l'influence du Titien, a produit ses travaux de gravure : aussi, malgré l'autorité de Robert-Dumesnil, l'aurions-nous négligé, si l'artiste n'avait pas travaillé, comme peintre, au château de Fontainebleau.

Nous n'avons rien à ajouter au catalogue donné par Robert-Dumesnil, et nous n'avons pas pu reconnaître dans les estampes les sujets qui auraient été peints par Dupérac dans l'appartement des Bains.

VI. — JUSTE DE JUSTE

Sous le nom du Maître au monogramme NATL, on trouve de temps en temps, dans les catalogues de vente d'estampes anciennes, l'annonce d'une suite de *Figures académiques et gymnastiques*. Ce qu'on entend désigner ainsi, ce sont des planches qui n'ont rien d'académique, dessinées avec rudesse, gravées à l'eau-forte par le plus exagéré des artistes de l'École de Fontainebleau, curieuses cependant par leur originalité et faciles à distinguer par le monogramme qu'elles portent.

Seulement, il nous paraît qu'on déchiffre inexactement ce monogramme en y lisant NATL. Brulliot (1ʳᵉ partie, 1777) le décompose en EMST. M. Renouvier est plutôt dans la vérité en y découvrant les lettres IUSTE, qui ont l'avantage de former un nom, et même le nom d'un artiste sculpteur, JUSTE DE

Juste, employé par le Rosso aux travaux de stuc de la grande galerie de Fontainebleau.

Le dégingandé des poses, l'exagération de la musculature, surtout la simplicité de la composition qui élimine tout détail inutile, s'accordent assez bien avec l'idée que ces estampes viennent d'un sculpteur plutôt que d'un peintre, et rendent acceptable l'attribution proposée par M. Renouvier.

Les travaux de M. de Montaiglon[1] ont jeté une vive lumière sur la famille des Juste et sur leurs œuvres ; même avant d'avoir connu les découvertes de M. Milanesi, il avait établi leur origine florentine et fixé les points principaux de leur biographie.

On connaît aujourd'hui leur nom patronymique, Betti, et leur généalogie peut être fixée, en remontant jusqu'au xive siècle. Ceux de ces artistes qui sont venus exercer leur art en France sont :

1° Antonio Betti, fils de Giusto Betti, *Antoine de Juste*, né à Florence en 1479, marié à Lisa di Nardino del Pace, mort avant le 1er septembre 1519 ;

2° Andrea Betti, fils du même Giusto, *André de Juste*, né vers 1483, habitant Tours en 1527 ;

3° Giovanni Betti, fils du même Giusto, *Jean I de Juste*, le grand homme de la famille, né en 1485, marié à Agnès, mort avant septembre 1559 ;

4° Giusto Betti, fils d'Antonio (1°), *Juste de Juste*, né à Florence en 1505, marié à Françoise Lopin, de Tours, mort avant février 1560 ;

---

1. *Gazette des Beaux-Arts*, t. XII, 2e période, p. 385 et 515 ; t. XIII, p. 552 et 657 ; t. XIV, p. 360 ; t. XV, p. 221.

5° *Jean II de Juste,* probablement fils de Jean I, né en France, dont on a la signature sur la quittance de travaux exécutés à Tours en 1560, mort en 1577, puisqu'à cette époque toute la descendance mâle du vieux Giusto Betti se trouvait éteinte.

De tous ces artistes, le seul dont nous ayons à nous occuper est Juste de Juste. Les mentions relevées par M. de Grandmaison, par Jal, par M. Guiffrey, par M. de Laborde, permettent de reconstituer sa carrière. En 1521, son apprentissage chez Jean de Juste, son oncle, est terminé. En 1529 et 1530, alors qu'il habite encore Tours où il s'est marié avec Françoise Lopin, il est chargé par le roi d'exécuter certaines images de marbre et deux statues, l'une d'Hercule, et l'autre de Léda : pour ce travail, il reçoit en deux paiements 203℔ 10 s. En 1531, il est au nombre des artistes retenus pour le service du roi, et touche en cette qualité une pension annuelle de 240℔ qui lui est irrégulièrement payée : dans l'ordonnance qui nous fournit ce renseignement[1], il est en compagnie de Roux de Roux, de Matteo dal Nassaro, de Francisque de Carpy, de Jérôme de Robbia, etc. De 1535 à 1540, il est employé aux ouvrages de stuc de la grande galerie de Fontainebleau, à raison de 20 livres par mois, non compris la pension pour laquelle il est inscrit depuis 1531. Il n'est plus question de lui, à Fontainebleau, après 1540 ; sa qualité de Florentin l'avait probablement servi auprès de son compatriote, Rosso ; mais le Bolonais Primatice

---

1. *Nouvelles Archives de l'Art français,* 1876, p. 90.

ne semble pas l'avoir employé. En quittant Fontainebleau, Juste de Juste est retourné à Tours, où il a encore vécu une vingtaine d'années.

Comme sculpteur, cet artiste, de talent modeste sans doute, n'a laissé aucune œuvre qui puisse lui être attribuée : son âge ne permet même pas de supposer que son père et son oncle l'ont eu comme collaborateur dans l'exécution des tombeaux que ceux-ci ont édifiés. Comme graveur, il doit être l'auteur des planches que nous allons décrire, puisqu'elles portent son nom. La suite comprend au moins dix pièces : c'est le nombre offert en vente par Robert-Dumesnil dans son catalogue de mars 1862, n° 213; mais nous n'avons pu en rencontrer que cinq.

Brulliot connaît une autre suite. « Nous avons trouvé, dit-il, douze pièces in-8 de la seconde suite, qui sont très-minces et qui représentent des figures académiques dans des positions bizarres, gravées dans le même goût que les premières. Il est à croire que cette suite est plus nombreuse, attendu que nous en avons rencontré des copies de René Boivin, entre lesquelles se trouvent des figures que nous n'avons pas vues parmi les originaux. » Nous n'avons pu mettre la main ni sur les originaux ni sur les copies.

1. Six hommes nus. Trois posent à terre; ceux de droite et de gauche soutiennent sur les mains et sur les épaules deux hommes qui se tiennent en équilibre. Le sixième, au milieu de l'estampe, fait le poirier en posant les mains sur le dos de l'homme du milieu.

Monogramme en bas à droite. H. 285; L. 212.

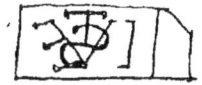

2. Six hommes nus. Trois touchent à terre. Le quatrième, étendu à la renverse, pose un pied sur la poitrine de celui de droite, un genou sur le dos de celui du milieu et un coude sur l'épaule de celui de gauche, qui le maintient aussi par la tête. Deux autres, se tenant par la main, se lèvent sur la cuisse gauche de l'homme étendu.
Monogramme en bas à droite. H. 255; L. 210.

3. Six hommes nus. L'un, assis par terre, se soulève sur les mains. Deux autres posent un pied à terre et l'autre sur chaque épaule du précédent. Un quatrième, maintenu par l'homme de droite, pose un pied sur la tête de l'homme assis. Deux autres se tiennent en équilibre, soutenus sur les mains et les épaules des premiers.
Monogramme en bas à gauche. H. 270; L. 207.

4. Cinq hommes nus. Deux sont debout et en soutiennent sur les épaules deux autres qui écartent violemment les jambes ; le cinquième est en travers, une jambe appuyée sur l'homme de droite, la main gauche sur l'homme de gauche et soutenant de la main droite l'un des équilibristes.
Monogramme en bas à gauche. H. 270; L. 205.

5. Cinq hommes nus. L'un est à terre. Deux sont debout sur un pied et posent l'autre sur l'homme étendu : ils en soutiennent deux autres en équilibre sur leurs têtes et leurs mains ; ceux-ci entrelacent les jambes d'une manière encore plus bizarre qu'obscène.
Monogramme en bas à droite. H. 285; L. 206.

6 à 10.....

VII. — Léonard Limosin

Il s'agit ici du célèbre émailleur dont les œuvres font l'ornement des collections publiques et particulières. Les publications dont il a été l'objet ont élucidé sa biographie, qui se résume ainsi : Né vers 1505, à Limoges, d'un père aubergiste, Léonard Limosin entre en 1528 à l'École de Fontainebleau (M. de Laborde dit même 1525), commence à peindre sur émail en 1532, et travaille jusqu'à sa mort, survenue avant 1577, vers 1575. Il a été émailleur, peintre, graveur, arpenteur et même collectionneur. A la cour, il avait le titre de peintre et valet de chambre du roi, et son émailleur ordinaire. Dans sa ville natale, il remplissait, en 1571, les fonctions de consul[1].

Je voudrais essayer de préciser les rapports qui ont pu exister entre Léonard Limosin et ce qu'on appelle l'École de Fontainebleau. En 1528, on en était seulement à l'établissement du devis de la maçonnerie pour la construction du château. Les artistes appelés par le Rosso et le Primatice, pour les aider dans leurs travaux, n'étaient pas encore réunis. C'est en 1533 seulement que commencent à besogner les peintres, les imagiers, les doreurs, dont il est question dans un compte de 1535. Léonard Limosin n'a donc pas pu entrer dans une École, avant qu'elle ait été constituée.

Y est-il entré plus tard? A-t-il effectivement travaillé, comme peintre, sous les ordres du Rosso ou du Primatice, à la décoration du château? Rien ne me paraît plus douteux. Du jour où il a commencé à pratiquer l'émaillerie avec talent, que ce soit 1532 ou 1536, il ne pouvait se contenter d'un rôle subalterne. D'ailleurs, son nom ne se trouve pas dans les

---

1. Voir le compte rendu, par Alfred Darcel, des publications de Maurice Ardant (*Gazette des Beaux-Arts*, t. IX, p. 184); et L. Bourdery et E. Lachenaud, *Léonard Limosin, peintre de portraits* (Paris, 1897, in-8).

Comptes. La mention qui le concerne et sur laquelle nous reviendrons, le montre chargé d'un travail d'émaillerie qui n'a aucun rapport avec Fontainebleau.

Mais si Léonard Limosin n'a pas travaillé au château comme peintre, il a pu y travailler comme émailleur, en fournissant des médaillons et des plaques, qui ont été incorporés dans la décoration des murs.

D'autre part, il a certainement, à diverses reprises, traduit en émail des compositions d'artistes de l'École de Fontainebleau.

Enfin quelques eaux-fortes qui, lorsqu'elles portent une date, sont invariablement marquées de l'année 1544, le classent parmi les graveurs de cette École. C'est à ce triple point de vue que nous allons l'étudier.

Voici l'énumération des émaux insérés dans les décorations de Fontainebleau, telle qu'elle nous est fournie par l'abbé Guilbert :

Dans la galerie François Ier, en haut du cadre de la *Danaë*, deux médaillons, représentant, à droite Apollon, à gauche Diane, tous deux sur leurs chars. La belle estampe de René Boyvin (R. D. 18) nous en a conservé le dessin.

Dans la galerie d'Ulysse, au 4e compartiment, deux médaillons, l'un représentant la France victorieuse, sous l'emblême d'un roy assis sur un trône, près d'un monceau d'armes, ayant un coq à ses pieds, symbole de la vigilance, et des hommes morts ou esclaves près de lui ;

au-dessous est écrit : *Victoria Gallica*[1]. L'autre représentant l'Abondance assise près d'une urne, au milieu
de deux cornes d'abondance; au-dessous est écrit :
Ubertas Gallica.

Au 5e compartiment, quatre médaillons, représentant
l'Hyver, le Printemps, l'Automne, l'Été.

Au 7e compartiment, quatre médaillons, représentant :

1° Apollon et Diane qui tuent les enfants de Niobé :
Sicut erant juncti, trajecit utrumque Sagitta ;

2° Niobé à genoux, qui supplie Apollon et Diane de
lui conserver au moins sa dernière fille : *De multis
minimam posco, clamavit et unam ;*

3° Jupiter et Junon sur les airs, et au-dessous Io
changée en vache et confiée à Argus : *Illud erat tempus
quo te pastoria pellis Texit ;*

4° Apollon tue le serpent Python : *Mille geanem telis
exusta penè pharetra perdidit.*

Au 9e compartiment, quatre médaillons, représentant :

1° L'Enlèvement des Sabines ;

2° Les Romains et les Sabins prêts à livrer bataille ;

3° Le Triomphe de Romulus, après l'enlèvement des
Sabines ;

4° Jupiter protecteur de l'armée de Romulus, qui lui
éleva un temple, en l'honneur de Jupiter Férétrien.

L'abbé Guilbert indique formellement toutes ces
compositions comme des peintures en émail; il
ajoute même dans une note que ces peintures étaient
fort en réputation sous le règne de François Ier, et
que Rous (Rosso) en avait fait une grande quantité
que Saint-Martin (le Primatice) détruisit. Sans
admettre cette allégation, et tout en regrettant que
les Comptes des Bâtiments ne nous fassent pas

---

1. Le dessin est à la collection de l'Albertina de Vienne (Dimier, p. 451).

connaître le nom de l'émailleur qui est l'auteur de ces médaillons, nous pouvons penser que Léonard Limosin a participé à leur exécution[1].

Cette hypothèse est d'autant plus acceptable que nous allons voir qu'il s'est inspiré, dans ses travaux, du Rosso, de Nicolo dell' Abbate et de leurs élèves.

A droite et à gauche du portrait du connétable de Montmorency, qui est au Louvre, on remarque deux figures, un satyre et une satyresse, copiés sur les ornements d'un des tableaux de la galerie François Ier : *L'Ignorance chassée*.

Dans la collection Fould, il y avait un émail de Léonard représentant *la déesse Ops*, d'après le Rosso.

Les huit figures d'anges qui entourent la Crucifixion, au Louvre, ont été exécutées sur les dessins de Nicolo dell' Abbate, dessins qui se trouvaient dans la collection Galichon.

Les douze apôtres provenant du château d'Anet, et conservés actuellement dans l'église Saint-Père de Chartres, sont la reproduction de cartons de Michel Rochetel[2]. Les Comptes des Bâtiments contiennent la mention du paiement fait à Michel Rochetel, peintre, « pour avoir par luy fait douze tableaux de peintures de coulleurs sur papier... et une bordure aussy de peinture au pourtour de chascun tableau pour servir de patrons à l'esmailleur de

---

1. « Personne mieux que Léonard Limosin n'était capable de rendre les cartons de Me Roux, et tout me fait croire qu'il en fut chargé. » (Léon de Laborde, *Notice des émaux du Louvre*, 1re partie.)

2. Ces cartons eux-mêmes ont été mis au point sur des dessins du Primatice, retrouvés par M. Dimier (*Le Primatice*, p. 382).

Limoges, esmailleur pour le roy, pour faire sur iceulx patrons douze tableaux d'esmail. » Puis M. Léopold Delisle a retrouvé la mention du paiement fait en novembre 1547 à Léonard Limosin, qui venait de livrer ses émaux au roi, à Saint-Germain-en-Laye[1].

Il faut reconnaître, d'ailleurs, que Léonard Limosin n'est pas le seul émailleur qui ait cherché à traduire les dessins des maitres de Fontainebleau. N'est-ce pas de Pierre Courtoys, l'Enlèvement d'Hélène, d'après le Primatice; la Dernière nuit de Troyes, d'après le Rosso ? N'est-ce pas de Pierre Reymond, la coupe aux armes du président de Mesmes, représentant Diane se reposant des fatigues de la chasse, d'après l'estampe de L. D. (F. H. 34)?[2]

Léonard Limosin n'a donc pas fait autre chose que les artistes de son temps, en exécutant les compositions qui lui étaient commandées, et qui, suivant le goût de l'amateur, étaient empruntées à Raphaël, au Maître au Dé, au Rosso ou à Nicolo.

Ce qui rattache plus intimement Léonard à l'École de Fontainebleau, ce sont ses eaux-fortes. M. Renouvier les apprécie assez sévèrement : « Ces estampes ne donnent pas de types bien distingués : les figures

---

1. *Bulletin de la Société des Antiquaires de France*, novembre 1870, p. 159.

2. *Musée de Cluny*, n° 4596. Il y avait à l'Exposition universelle de 1900 un coffret appartenant à M. Ch. Mannheim, où le même artiste, Pierre Reymond, avait peint en émail cinq sujets d'après des estampes de l'École de Fontainebleau : *L'Incendie de Calane* (ou de Troye), gravé par Fantuzi et René Boyvin, d'après le Rosso; *le Cheval de Troye*, *le Jugement de Paris*, *l'Enlèvement d'Hélène*, *la Femme suppliant un Guerrier*, gravés par Mignon, d'après Luca Penni.

y paraissent en général trop allongées et en même temps trop arrondies, les barbes flottantes, les épaules matelassées, la tête et les extrémités petites pour le corps. » Cependant, il reconnaît que l'artiste a su obtenir la grandeur, l'expression et l'effet. Cela suffit.

Les estampes de Léonard Limosin sont excessivement rares : beaucoup sont perdues sans doute, et les recherches de plusieurs générations d'amateurs n'ont réussi qu'à lui constituer un œuvre de sept à huit planches, dont voici l'indication sommaire[1].

1. R. D. 1 des Pièces non décrites. *L'Annonciation.* Les lettres L. L. sont gravées sur la panse d'un vase de fleurs, vers le bas du milieu de l'estampe. H. 250; L. 180.

2. *La Nativité.* Pièce citée par Renouvier.

3. R. D. 1. *L'Entrée à Jérusalem.* Vers la droite du bas, on voit L. L., et au-dessous 1544, dont les deux derniers chiffres sont à l'envers. H. 260; L. 190.

4. . R. D. 2. *La Cène.* On lit, dans une grande tablette d'ornement, au-dessus d'une porte :

LÉONARD

LIMOSIN. 1544.

H. 250? L. 185?

5. *La Prière au Jardin des oliviers.* Pièce citée par Renouvier.

6. R. D. 3. *Jésus au Jardin des oliviers.* L'estampe est marquée :

LÉONARD

LIMOSIN. 1544.

---

1. Une note des *Archives de l'Art français* annonçait que M. Hartzer allait publier un catalogue des eaux-fortes de Léonard Limosin. Nous ne croyons pas que cette publication ait été faite.

Robert-Dumesnil, qui cite cette pièce d'après Brulliot, n'en donne pas la description : peut-être fait-elle double emploi avec la précédente.

7. R. D. 2 des Pièces non décrites. *Jésus-Christ livré.* On lit au bas à gauche :

LÉONARD
LIMOSIN
1544

H. 255; L. 188.

8. R. D. 4. *La Résurrection.* A la droite du bas, est le millésime 1544, suivi d'un tablette dans laquelle on lit :

LÉONARD
LIMOSIN.

H. 261 ? L. 190.

Robert Dumesnil a relevé une plaisante bévue commise par Michel Huber à l'occasion de Limosin. Une grande estampe, sur bois, représentant saint Roch, offre vers la gauche du bas un tronc, sur lequel est écrit : *Limosina per la fabricha*, tronc pour la fabrique. C'est ce que Huber avait pris pour une signature de l'artiste.

VIII. — JEAN MIGNON

§ 1. *Le graveur de Luca Penni.*

Dans les Comptes des Bâtiments, publiés par M. de Laborde, on trouve au nombre des artistes travaillant à Fontainebleau, de 1537 à 1540, *Jean Mignon, peintre, à raison de 13 livres par mois.*

D'autre part, Bartsch décrit une pièce unique qui porte la marque IO. MIGON. Cette signature se rencontre encore sur une autre estampe, offrant la décoration des médaillons de la chambre d'Alexandre.

C'en est assez pour classer Mignon parmi les graveurs de l'École et pour admettre que la mention du peintre désigné dans les Comptes le concerne.

Puis, dans le catalogue des estampes anonymes, Bartsch en signale quelques-unes qui lui semblent devoir être attribuées au même artiste. Son goût est assez sûr, et l'événement l'a prouvé, car l'une des estampes anonymes, dont il proposait ainsi l'attribution et qu'il n'avait pas vue dans son intégrité, s'est trouvée porter dans la marge du bas la signature du graveur. C'est la seconde des pièces que nous venons de signaler, le n° 25 du catalogue qui suit.

Enfin, par une coïncidence curieuse, toutes les autres estampes anonymes que Bartsch voulait rattacher au nom de Mignon, sont du dessin de Luca Penni. Cette circonstance nous a poussé à passer en revue les planches anonymes dont ce peintre a fourni le dessin, et il nous a paru que la plupart d'entre elles offraient, au point de vue du travail du graveur, une étroite analogie avec les précédentes. Nous avons donc considéré qu'elles devaient toutes sortir de la même pointe.

Déjà M. Renouvier avait distingué un graveur que, faute de nom et de monogramme, il avait appelé le graveur de Luca Penni; il avait composé son œuvre d'une partie des estampes gravées d'après ce maître, laissant l'autre à Mignon. Nous proposons de réunir ces deux parties sous le même nom.

On sait par Vasari que Luca Penni fit graver ses dessins par des graveurs flamands, et nous avons déjà décrit, dans l'œuvre du maître L. D., plusieurs de ses compositions. Nous sommes donc loin de prétendre que Luca Penni n'a eu recours qu'à un seul interprète, et que Mignon fut celui-là : mais tandis que les dessins de Luca Penni disparaissent dans l'œuvre touffu de L. D., ils constituent presque exclusivement celui de Mignon, si notre hypothèse est admise.

Cet œuvre, ainsi réuni, quoique ne comprenant qu'un nombre restreint de numéros, n'en présente pas moins un ensemble curieux, d'un caractère original. La plupart des estampes qui le composent sont de celles qui sont particulièrement recherchées par les amateurs, à cause des encadrements dont les sujets sont entourés. On n'y rencontre pas l'imagination déréglée d'un Fantuzi, pour qui le tableau ne compte pas et n'est plus qu'un détail d'ornementation. Ici, le cadre reste l'accessoire de la composition : les fruits, les mascarons, les enfants, quelquefois les cariatides, constituent les principaux éléments d'un décor riche et varié, qui est sans doute l'œuvre propre du graveur, et qui nous montre en Jean Mignon un élève moins hardi que ses maîtres, mais digne d'être cité à côté d'eux.

§ 2. *Le présumé Despesches.*

Plusieurs des planches que nous allons énumérer sont attribuées par Bartsch à un certain Despesches, quoiqu'aucune ne porte ni nom ni marque quelconque. « Nous ne connaissons, dit-il dans la notice placée en tête du catalogue des Anonymes, ce Florent Despesches que par Heinecken (t. IV, p. 618), qui l'appelle graveur qui vivoit du temps de l'abbé

de Marolles et qui a gravé entre autres d'après
Raphaël, et par cette inscription *Florent Despeches*[1]
paintre cvβ, faite à la plume par quelque contempo-
rain sur une épreuve conservée à la Bibliothèque de
Vienne. » Cela a suffi à Bartsch pour se faire du
graveur, de son talent, de sa manière, une idée assez
précise et pour lui constituer un œuvre de onze
pièces, la plupart d'après Luca Penni.

M. Renouvier a déjà détruit cette fausse attribution en remarquant que la même signature, *Florent
Despesches, peintre à Dijon*, de la même écriture et
avec le même monogramme autographe, se rencontre
sur *l'Assemblée des Dieux* de René Boyvin, sur le
Combat de Gladiateurs de Ph. Galle, et sur d'autres
estampes de divers auteurs et de diverses époques.
Pour ma part, je l'ai trouvée sur la *Dispute de
Neptune et de Minerve*, par René Boyvin, sous
cette forme : *FDespesches pictor*. Cela indique
seulement, dit M. Renouvier, que ces pièces ont
appartenu à un peintre du xviie siècle, amateur de
gravures, et qu'il les a signées pour éviter qu'elles
ne fussent distraites de l'atelier, où il les laissait
courir sans doute entre les mains de ses élèves.

Ce Despesches a-t-il été employé par Louis XIV
à des dessins de broderie? Les Comptes publiés
par M. Guiffrey fournissent les mentions suivantes :

14 avril 1680. A Despesches, pour son remboursement de
plusieurs dépenses qu'il a faites pour desseins pour une tenture
de tapisserie pour Sa Majesté, 889 ℔.

---

1. Les lettres F D en monogramme.

30 mars 1681. A Despesches, peintre, pour plusieurs dessins pour tapisserie de broderie pour Sa Majesté, 571 ℔.

24 février 1682. A Despesches, pour desseins peints de coloris pour une tapisserie en broderie pour Sa Majesté, 335 ℔ 15 s.

Jal, qui n'a pas connu Florent Despesches, en cite trois autres : Luc et ses deux fils, Jean et Hugues. Luc et Jean étaient morts en 1680 ; Hugues, qui habitait aux Gobelins, est sans doute le bénéficiaire des articles qui précèdent.

De même, l'abbé de Marolles cite un Despesches dont il ne donne pas le prénom, comme dessinateur ou graveur de comédies, mascarades et ballets, à la suite de Maistre Rous et Daniel Rabel. A-t-il voulu parler de l'artiste dijonais ou du peintre parisien ?

Peu importe. Il n'y a dans tout cela rien qui concerne l'École de Fontainebleau, au xvie siècle, et nous n'avons cité le nom de Despesches que pour le rayer de la liste des graveurs de l'École.

CATALOGUE DE L'ŒUVRE DE JEAN MIGNON

D'APRÈS LUCA PENNI

Ancien et nouveau Testament.

1. B. 2 des Anonymes. Dieu créant Ève pendant le sommeil d'Adam. Dans une bordure d'ornements. L. 564 ; H. 438.
2. B. 3 des Anonymes. Adam et Ève séduits par le démon. Dans une bordure d'ornements. L. 560 ; H. 420.
3. B. 14 des Anonymes. L'Adoration des Mages. L. 422 ; H. 309.

4. B. 15 des Anonymes. L'Adoration des Mages. Dans une bordure d'ornements. L. 510; H. 352.

5. B. 21 des Anonymes. Jésus-Christ flagellé par les Juifs. Dans une bordure d'ornements. L. et H. 170.

6. B. 23 des Anonymes. Jésus-Christ succombant sous le poids de la croix. L'année 1544 est inscrite dans une petite tablette, vers la gauche d'en bas. L. 483; H. 349.

7. B. 25 des Anonymes. Les Disciples déposant le corps de Jésus-Christ. Dans une bordure d'ornements. H. 325; L. 284.

8. B. 29 des Anonymes. La Ste Vierge soutenant le corps mort de son fils. Dans une bordure d'ornements. H. 323; L. 287.

9. B. 37 des Anonymes. St Michel combattant les anges rebelles. H. 594; L. 440.

Le dessin de cette composition, attribué au Primatice, a figuré à la vente Norblin[1].

10. B. 38 des Anonymes. St Jean prêchant dans le désert. Dans une bordure d'ornements. L. 569; H. 423.

Il existe, de cette estampe, par un anonyme qui pourrait bien être Du Cerceau, une copie en petit format, sans la bordure (R. D. 1862, et vente Destailleur). Elle n'est pas citée par Geymuller.

Histoire, Mythologie, etc.

11. B. 41 des Anonymes. Cléopâtre se faisant piquer par un aspic. Composition ovale dans une bordure d'ornements. H. 425; L. 306.

Parmi les ornements, on remarque à gauche une satyresse donnant le sein à son enfant[2], à droite un satyre soufflant dans un instrument. Ces mêmes figures se retrouvent, en sens inverse, avec quelques variantes, dans

---

1. *Gazette des Beaux-Arts*, 1860, 2e vol., p. 58.
2. Le dessin de cette satyresse se trouve dans un précieux recueil conservé à la Bibliothèque de l'École des Beaux-Arts.

l'encadrement d'une planche du maître I♀V (B. 2), et c'est sans doute pour ce motif que le catalogue Destailleur attribuait la *Cléopâtre* au même maître. Mais le rapprochement des deux estampes ne sert, à notre avis, qu'à mieux faire ressortir la différence des manières de chacun des deux artistes, et (toujours à notre avis) la supériorité de Mignon.

12. B. 42 des Anonymes. Pâris enlevant Hélène. L. 420; H. 320.

Émail peint par Pierre Reymond sur un coffret de la collection Ch. Mannheim.

13. B. 44 des Anonymes. Les Grecs se rendant maîtres du palais de Priam. L. 435; H. 317.

14. B. 45 des Anonymes. Les Troyens introduisant dans leur ville le cheval de bois. L. 445; H. 320.

Émail peint par Pierre Reymond sur un coffret de la collection Ch. Mannheim.

15. B. 46 des Anonymes. Une femme à genoux, protégeant un jeune homme contre un guerrier. L. 448; H. 320.

Émail peint par Pierre Reymond sur un coffret de la collection Ch. Mannheim.

16. B. 47 des Anonymes. Marius Curtius se précipitant dans un gouffre. Dans une bordure d'ornements. L. 482; H. 324.

17. B. 52 des Anonymes. Mars et Vénus. Pièce de forme ronde. D. 280.

18. B. 53 des Anonymes. Mars et Vénus assis sur un lit magnifique. Dans une bordure d'ornements. Planche de forme ovale. L. 269; H. 153?

Les ornements sont empruntés à la galerie François Ier, porte d'entrée du côté du vestibule.

19. B. 58 des Anonymes. Vénus et les nymphes pleurant la mort d'Adonis. Composition ovale dans une bordure d'ornements. H. 281; L. 240.

20. B. 60 des Anonymes. Vénus au bain, servie par les nymphes. Dans un très riche encadrement, que Bartsch ne décrit pas (B^x-A.). On y remarque dans les angles du

bas, deux hommes tirant des draperies; en haut, quatre femmes satyres. H. 528; L. 430.

21. B. 64 des Anonymes. Pâris adjugeant à Vénus le prix de la beauté. L. 181; H. 130.

Copie en contre-partie d'une autre estampe anonyme.

Émail peint par Pierre Reymond sur un coffret de la collection Ch. Mannheim.

22. B. 73 des Anonymes. Actéon métamorphosé en cerf. Dans une bordure d'ornements que Bartsch ne décrit pas. On y remarque, au milieu du haut, l'inscription : *Dominum cognoscite vestrum;* aux angles du haut, des enfants assis portant des festons de fruits; aux angles du bas, de jeunes faunes accroupis (F.H.). L. 575; H. 430.

Le dessin de la composition, sans la bordure, est au Louvre, collection His de La Salle; il est attribué au Primatice. On conserve au Musée de Cluny, sur l'une des cheminées, un bas relief de Hugues Lallement, sculpteur à Châlons, qui reproduit exactement notre planche. Enfin, il en existe une copie en contre-partie, par un anonyme, avec l'inscription suivante :

Libertatis ego blandæ vestigia quærens
Servitii turpes cogor adire vias.
En liberté cherchant mon habitude,
Me suis plongé en dure servitude.

H. 133; L. 191. (Bᵡ-Arts.)

23. B. 99 des Anonymes. Plusieurs femmes dans un bain. Dans une bordure d'ornements. L. 623; H. 444.

Il existe une copie de cette composition sans la bordure, en contre-partie, qui est signée : *Marco de Bianchi f. Nicolai Nelli formis 1572 Venetiis.* (F. H.) Bartsch n'a connu qu'une contre-épreuve.

D'APRÈS LE PRIMATICE.

24 B. unique. Sujet historique dans une forme ovale, représentant une femme qui apporte des présents à un prince.

A la gauche d'en bas, on lit : 10 MIGON. Diamètres :
L. 220; H. 166.

25. B. 126 des Anonymes. Deux femmes nues autour d'un
ovale vide. A gauche, en bas, on lit cette inscription,
que Bartsch n'a pas connue : 10. MIGON A *1544*. L. 236;
H. 244. (B. N.; F. H.)

« *Io Migon* ou *Migona*. Je trouve ce nom et la date
de 1544 sur une estampe qui est gravée dans la manière
de L. D. et qui représente un cartouche accompagné de
figures, telles qu'on en voit encore à Fontainebleau,
dans la galerie des Réformés, et il n'est point douteux que cette pièce est un ouvrage de quelques-uns
de ces stucateurs qui travaillaient sous le Primatice...
Je n'ai encore vu que ce seul morceau avec le nom
de cet artiste; il se peut faire que nombre de pièces
qui ont été gravées en France vers ce temps-là, et
qui ne portent pas de nom, soient de cet artiste. Cela
mérite d'être examiné. » (Mariette.) Renouvier, après
avoir rapporté ce passage, dit n'avoir pu lire la dernière
lettre A. Sur l'épreuve que nous possédons et qui porte
la signature de P. Mariette, 1671, elle est parfaitement
visible; nous croyons, d'ailleurs, qu'elle signifie simplement *Anno*.

Ce n'est pas la décoration de la galerie François Ier,
comme le dit Mariette, mais celle de la chambre
d'Alexandre, que Mignon a reproduite dans cette
estampe. La date, 1544, fournit un renseignement sur
l'époque où les travaux étaient terminés. A deux reprises,
il est question dans les Comptes des Bâtiments, de 1540
à 1550, de la Chambre d'Alexandre; plus tard, en 1557,
on voit Nicolas l'Abbate recevoir une petite somme
pour divers travaux, au nombre desquels figurent les
tableaux de la vie et gestes d'Alexandre, en la chambre
appelée de Madame d'Estampes. M. Dimier a expliqué
comment de nouveaux aménagements dans le château
avaient nécessité, pour cette chambre, de nouvelles pein-

tures. La date de l'estampe prouve, du moins, que la décoration primitive était terminée en 1544.

Le dessin de cette composition se trouve au Louvre, collection His de la Salle; il est attribué au Rosso. Baltard a gravé le même sujet.

———

26. Sainte Famille. La Vierge, assise à gauche, allaite l'enfant Jésus qui tient un oiseau. S^{to} Élisabeth, debout à droite, présente le petit St Jean. H. 315; L. 250. (B. N.)

L'attribution à Mignon est de Renouvier.

27. Le Jugement dernier. Dieu est au milieu du haut; les réprouvés à droite de l'estampe, les élus à gauche. Ceux-ci montent les premiers degrés d'un escalier qui se perd dans les nuages. Sur la terre, chaque mort sort du tombeau par une ouverture carrée; une bannière, tenue par un diable, porte l'inscription : $\frac{\text{ANTI.}}{\text{XPS}}$ Plus loin, vers la droite, on remarque un pape qu'entraînent les démons. Premier état (B. N.) : la tiare ne porte aucune lettre. Deuxième état (F. H.) : on y lit : $\frac{\text{ARR}}{\text{IV}}$s, c'est-à-dire sans doute *Arrius*, le célèbre hérésiarque. Cette addition a été faite pour prévenir toute allusion impie, allusion qui était sans doute dans l'intention de l'auteur. L. 455; H. 350.

Cette planche curieuse a aussi été attribuée à Fantuzi. Renouvier la donne à Mignon.

IX. — Marques diverses.

C

Un homme debout, dans l'attitude de la méditation, le profil tourné vers la gauche.

La lettre C est à gauche, en bas, sur une tablette attachée à un arbre. H. 214; L. 80. (B. N.)

I C et NH

1. Sorte de mausolée, vu par le petit côté. Au milieu, un cartouche avec la date 1545. Au milieu du bas, le monogramme NH. En haut, les lettres IC. H. 235; L. 167. (B. N.)
2. Chapiteau d'ordre corinthien. Les initiales IC, couvertes de travaux, sont sur sa base fragmentée. Au bas, à droite, en dehors des travaux : *Ant. Sal. exc.* (marque de l'éditeur Salamanca).

    Décrit dans le catalogue de vente de Robert-Dumesnil, en 1838, sous le n° 434.
3. Deucalion et Pyrrha, dans un cadre ornementé, avec le monogramme NH. L. 220; H. 165. (B. N.)

F B

B. 80 des Anonymes. Un Sacrifice, où l'on voit sur le devant du côté droit un enfant qui reçoit dans un plat le sang de la victime. Vers le bas de ce même côté, sont les lettres F. B., qui signifient, d'après Bartsch, *Francesco Bolognese*, c'est-à-dire le Primatice, indiqué comme auteur de la composition. Cette interprétation nous paraît hasardée. H. 141; L. 128.

N o I

Un Supplicié. Il est étendu sur le dos, au milieu des flammes, reposant sur ses deux coudes, la tête renversée vers la droite. A gauche, un homme à mi-corps. A l'angle droit du bas se trouvent les lettres N o I, qui pourraient signifier, si elles ne sont pas la marque du graveur, *Nicolo invenit*. Ce chiffre n'est pas connu de Brulliot; nous ne l'avons rencontré que sur cette estampe. H. 108; L. 166. (F. H.)

P. B.

Une tour en pleine mer, où brûle un bœuf, avec la devise : Ουκ αλλοθεν, en capitales. Dans un encadrement où l'on remarque, en haut, deux anges sur un fronton couronné, et de chaque côté une femme, l'une versant de la main droite, l'autre tenant le glaive et la balance. Les lettres P. B. sont en bas, à droite. H. 175; L. 148. (B. N.)

Les mêmes lettres P. B. se trouvent sur une copie en contre-partie d'une estampe d'Augustin Vénitien, *Hercule étouffant le lion de Némée*, et sur une copie en contre-partie d'une estampe anonyme de l'École de Marc Antoine, *le Satyre près la statue de Priape* (Brulliot, 2ᵉ partie, 2204). Le nom de ce graveur est resté inconnu.

X. — JACQUES PRÉVOST

Sous le nom de Jacques Prévost, Robert-Dumesnil a catalogué une vingtaine d'estampes qui peuvent être classées en deux catégories distinctes. D'une part, deux suites représentant des Termes d'après Polidore et des motifs d'architecture, plus le portrait de François Iᵉʳ, portant les dates de 1535, 1537 ou 1538, et les lettres P S en monogramme.

D'autre part, deux planches représentant Vénus et Cybèle, datées de 1546 et 1547, et offrant, en toutes lettres, la signature de *I. Prevost*.

Celles-ci, seulement, dénotent un graveur français et l'influence de l'École de Fontainebleau. Les autres sont purement italiennes. Bartsch les a classées parmi les œuvres des élèves de Marc Antoine ; Marolles les attribue à un certain *Perjeconter*, totalement inconnu d'ailleurs. Quoique appuyée sur l'autorité de Mariette, l'attribution à un seul artiste de ces estampes très différentes proposée par Robert-Dumesnil est donc fort contestable, et nous croyons que Renouvier a eu raison de la rejeter.

Ce qu'on sait de la biographie de Jacques Prévost tient dans une note de Tabourot, chanoine de Langres, que Mariette a relevée. Il était originaire de Gray ; il a peint un tableau du Trépassement de la Vierge pour la cathédrale de Langres. Allégé des pièces qui lui étaient indûment attribuées, son œuvre se réduit aux numéros suivants :

1. R. D. 1. *Vénus.* Sur un vase, on lit : *I. Prevost Jne.*
   PLVS VENENI QVA MELLIS HABET. Sur un dé, à gauche, le millésime 1546. H. 182; L. 115.
2. R. D. 2. *Cybèle.* On lit dans la marge : *Opis saturni coniux materque deorum. 1547. I. Prevost Jne.* H. 208, dont 9 de marge ; L. 82.
3. *La Romaine nourrissant de son lait son père prisonnier.* Renouvier, qui cite cette pièce sans la décrire, ne dit pas si elle reproduit le bas-relief de la galerie François Ier.

XI. — LE PRIMATICE

Ce n'est point ici le lieu, à propos de quelques estampes douteuses, de parler du Primatice, de son rôle à la cour de France, et de son immense production, comme il conviendrait de le faire. M. Dimier vient de consacrer à ce grand artiste un livre, capital pour l'histoire de la Renaissance en France, auquel il nous suffira de renvoyer le lecteur[1]. Pour nous, qui ne nous occupons que des graveurs, la seule question qui soit de notre domaine est celle de savoir si le Primatice a gravé de sa main.

Malvasia, qui se pose cette question, répond qu'il ne lui a pas été donné de voir des estampes du Primatice, ou du moins d'en reconnaître pour telles, car il n'y en a pas qui soient signées de son nom, ou d'une marque qui puisse lui être attribuée. Cependant, il cite à tout hasard deux suites de gravures : 1º Les Divinités dans des niches, Jupiter, Neptune, Pluton, Proserpine, Diane, Apollon, Vulcain, Hercule, Cérès ; sous le Jupiter est écrit : *Primaticcio*. 2º Les Arts libéraux représentés par des femmes nues : sous la Rhétorique, on voit un B, qui peut-être veut dire *Bologna*.

C'est Caraglio qui a gravé, d'après le maître Roux, une suite de Divinités dans des niches, qui a été copiée plusieurs fois. Est-ce à une de ces copies que fait allusion Malvasia? Je ne saurais le dire. Aucune de celles qui sont décrites par Bartsch ne porte le nom de *Primaticcio*. Cette forme du nom du Primatice n'était d'ailleurs pas en usage au xvie siècle. Quant à la suite des Arts libéraux, il s'agit évidemment de celle qui a été gravée par Antoine Wierix. Voici la description qu'en donne Mariette : « Les sept arts libéraux représentés d'une manière allégorique en sept pièces gravées au burin

---

1. *Le Primatice, peintre, sculpteur et architecte des rois de France* (Paris, Ernest Leroux, 1900, in-8).

par Ant. Wierix. Ces estampes sont si fort éloignées du goût du Primatice qu'il seroit bien difficile de reconnoître qu'elles viennent d'après luy si le graveur n'avait pas apposé le nom de ce peintre au bas de la première planche[1]. »

Renouvier nous apprend qu'on trouve sous le nom du Primatice, au cabinet de Dresde, *Une femme assise avec les attributs de l'Astronomie.* Cette planche que Mariette estimait n'être pas un morceau méprisable, et qui porte en effet *f. Primatissio inven.*, est certainement l'œuvre d'un graveur italien du xviiᵉ siècle, *Bonneionne.*

Heinecken attribue encore à notre artiste : *La Sainte Vierge avec Sainte Élisabeth.* S'il a voulu parler de la pièce décrite par Bartsch sous le nº 8 des Anonymes, son opinion n'est pas acceptable, car l'estampe est de Geoffroy Du Moustier.

Nous avons déjà dit ailleurs que les initiales A P ne pouvaient pas signifier *Abbas Primaticius*, comme quelques auteurs l'avaient proposé. Enfin, il est bien clair que le Primatice ne saurait être considéré comme le graveur des nombreuses planches qui portent son nom ou son surnom *Bologna*, alors même qu'elles ne présenteraient ni nom ni marque de graveur.

En résumé, nous en sommes toujours au même point que Bartsch, qui, sur la foi de la tradition, a attribué au Primatice une seule pièce : *Les deux femmes Romaines.* (B. XVI, p. 3o5.)[2]

1. Ces compositions sont-elles celles qui étaient peintes au château d'Ancy-le-Franc? Cf. le livre de Dimier, p. 384.
2. Cette planche a été héliogravée par Amand Dujardin.

Avec Renouvier, nous tiendrons cette attribution pour vraisemblable, car les figures ont grande tournure et sont gravées avec l'esprit d'un peintre.

XII. — G. R., DE VÉRONE (GIACOMO RICCIO ?)

Nous avons eu l'occasion, à propos de Rugieri, de parler d'une eau-forte, représentant *Mercure descendant du ciel,* qui porte l'inscription : GR VER*one*. Mariette l'attribuait à Guido Rugieri, quoiqu'on ne connût de Rugieri qu'à Bologne. Le moment est venu de chercher à découvrir le graveur qui se cache sous ces initiales.

Il y avait, à la cour de François Ier, un artiste véronais très célèbre, qui a longtemps joui de la faveur royale, Matteo del Nassaro. Son nom se retrouve dans les acquits au comptant, de 1531 à 1539, avec la qualification de peintre, graveur et valet de chambre du roi. Il était graveur en pierres fines, dessinateur de cartons de tapisseries, excellent musicien, ingénieur au besoin, et même marchand de couleurs. C'est dans son entourage qu'il paraît naturel de chercher le compatriote, qui a laissé la trace de son passage dans l'École de Fontainebleau. L'historiographe des artistes véronais, Fr. Bartolomeo, nous apprend, après Vasari, que Matteo del Nassaro fit beaucoup d'élèves, entre autres le frère de Dominico Brusasorci, et deux de ses neveux qui l'accompagnèrent en Flandre et en France[1]. Ce

---

1. Vasari dit seulement en Flandre. Mais c'est de France que Matteo del Nassaro est parti, sur l'ordre de François Ier.

Dominico, peintre assez estimé, était le fils de Giacomo Riccio, graveur sur bois ; Brusasorci était son surnom. Ce n'est peut-être pas une hypothèse excessive que d'attribuer à ce Riccio de Vérone, fils de graveur, frère de peintre, élève de Matteo, les eaux-fortes de l'artiste véronais qui n'a signé ses planches que des lettres G. R.

1. Mercure descendant du ciel et se mettant en devoir d'aller porter les ordres de Jupiter, qui parait au-dessus, placé sur un nuage. En bas, l'inscription suivante :

B*ol*   *in*VeTo
G. R.   VER*one* F

L. 320; H. 212. (B. N.)

C'était, d'après Mariette, un des tableaux du plafond de l'appartement des Bains, détruit en 1697 lors de la transformation en chambres[1].

2. B. 120 des Anonymes. Un paysage, dans une forme ovale, entouré d'un cadre orné de figures ; à gauche une femme, à droite un homme, l'un et l'autre couchés sur le dos et accompagnés d'un enfant. Au milieu, les lettres R. G. à rebours. L. 238; H. 195.

Bartsch propose l'attribution à Guillaume Rondelet.

Les mêmes ornements ont été reproduits par André Schiavone (B. 32) et par Androuet Du Cerceau (n° 10 des Petits Cartouches).

3. B. 5 des Anonymes. La Naissance de la Vierge, d'après Jules Romain. Premier état : à droite en bas : NATIVITAS GLORIOSÆ VIRGINIS; à gauche : IULIUS ROMANUS INVE. Deuxième état : on lit en outre, au milieu du bas : *Ant. Lafrery*. Troisième état : on lit en outre, à gauche, au-dessus de NATIVITAS, les lettres G. R. F*o*. Quatrième

---

1. M. Dimier met son témoignage en doute : « Qu'en savait-il, puisqu'il n'a pas connu cet appartement. » Mais le père de Mariette, Jean, né en 1654, a pu le voir.

état : le nom de Lafreri a été effacé et remplacé par
Gio Jacomo Rossi le stampa in Roma alla pace; de
plus, entre le G et le R, on a inséré un I, pour en faire
les initiales de l'éditeur : G I R, *Gio Jacomo Rossi.*
Les lettres Fo subsistent et signifient *Formis.* L. 420 ;
H. 3o4.

Le même dessin a été gravé en contre-partie par un
anonyme de l'École (B. 6).

Renouvier attribue cette estampe à Guido Rugieri,
dont l'existence ne nous paraît pas démontrée. D'autres
considèrent les lettres G R Fo comme l'indice du nom
de l'éditeur : *Giacomo Rossi formis.* Leur explication
est certainement juste pour le quatrième état; mais elle
ne paraît pas très satisfaisante pour le troisième. Comment Rossi aurait-il laissé subsister le nom de Lafreri,
en n'apposant que ses initiales incomplètes ? N'a-t-il pas
eu le soin de l'effacer plus tard ? N'a-t-il pas alors inséré
un I, indispensable pour constituer sa marque ? Ces
lettres énigmatiques peuvent donc signifier *Giacomo
Riccio* (plutôt que Guido Rugieri) *Fontanableo;* mais
nous avouons bien volontiers que cette interprétation
est hasardée.

XIII. — Le Rosso

Le 36ᵉ volume des estampes de l'abbé de Marolles
était ainsi composé : « Maistre Roux, Florentin. Ce
peintre a gravé lui-même plusieurs pièces de son
dessein et le reste l'a été par Renatus Boyvinus
Andegavensis, Paolo Gratiani, Léon Daven et autres
qui n'ont pas marqué leur nom. 289. Il y en a aussi
quelques-unes de Dominique Florentin. Le reste
est de pièces meslées et de païsages de Léon Daven
et d'autres pièces curieuses. Le tout faisant le nombre de 438 pièces. »

La collection de Marolles, qui a passé tout entière à la Bibliothèque nationale, n'a pas été conservée dans l'état où elle y est entrée. Les estampes ont été distribuées d'après une méthode, meilleure sans doute; mais ce nouveau classement n'a pas permis, malgré la grande obligeance de M. Bouchot à faire cette recherche, de reconnaître les estampes que M. de Marolles attribuait au Rosso non seulement pour la composition, mais aussi pour la gravure.

Moins encore que le Primatice, le Rosso ne paraît donc avoir droit de figurer au nombre des graveurs. L'allégation de l'abbé de Marolles reste isolée.

XIV. — Le maitre I♀V

Bartsch, Brulliot et Passavant ont décrit une série d'estampes marquées du signe I♀V, qui appartiennent tout à fait à l'École de Fontainebleau, aussi bien par leur style que par les sujets empruntés en partie à la décoration du château. Nous ajoutons à leur liste quelques pièces que des recherches ultérieures ont fait découvrir, et constituons ainsi un œuvre de vingt-huit numéros.

Quel est l'artiste qui a employé cette marque? Renouvier l'appelle *Jean Vigny*, *Vignay* ou *Veigne*; Passavant hésite entre *Jean Verdun* et *Jean Vaquet*. Tous deux ont eu recours au même procédé, qui consiste à chercher, sur les registres des Comptes, un artiste dont le prénom commençât par un I, et le nom par un V. Nous pouvons continuer ce petit jeu et offrir au lecteur, par ordre alphabétique, un

tableau de tous ceux qui répondent à cette double
condition :

JACQUES VALLET, manouvrier stucateur, payé à
raison de 3 sols par jour (1535, 1537-40) ;

JEAN VAQUET, peintre, payé à raison de 13 livres
par mois (1540-50) ;

JEAN VEIGNE, doreur, payé à raison de 10 livres
par mois (1537-40) ;

JEAN VELOUX, poupetier, payé à raison de 20 livres
par mois (1537-40) ;

JEAN VERDUN, imagier, payé à raison de 13 livres
par mois (1537-40) ; on trouve, en 1570, un Jean de
Verdun, clerc des œuvres du roi ;

JEAN VIGNAY, peintre, payé à raison de 20 sols par
jour (1537-40) ;

JACQUES VIGNOLLES, peintre, payé à raison de
20 livres par mois (1540-50) ;

JEAN VIGNY, peintre, payé à raison de 12 livres par
mois (1540-50) ; il est expert en 1548 et habite Paris.

Si l'on s'avisait de pousser plus loin les recherches, on trouverait encore parmi les artistes qui ont
travaillé au château de Fontainebleau à la fin du
XVIᵉ siècle :

JEHAN VERNANSAL[1].

---

1. Jehan Vernansal, parrain en 1599, 1611, 1614, témoin en 1617 et 1622,
achète, le 25 avril 1622, un terrain aux héritiers de Jean de Hoey. Il est
mort le 12 mai 1622 (*Registres paroissiaux d'Avon*). Dans son testament
(cité dans les *Nouvelles archives de l'Art français*, 1890, p. 139), il avantage sa femme et son gendre, Antoine Melicque. Sa veuve, Anne Feru,
ses filles : Madeleine, femme de Pierre Petit ; Charlotte, femme de Jean
Pellier ; Christine, femme de Michel Dugué, figurent dans divers actes.
Son fils Guy, ou Guinot, était aussi peintre. Jean Vernansal était concierge
de l'hôtel du Grand Ferrare.

JOSSE DE VOLTIGEM[1].

Ceux-ci ont sur les précédents l'avantage d'être connus ; il serait possible d'esquisser leur biographie.

En examinant quelques-unes des pièces signées I ♀ V, j'ai eu l'impression qu'elles étaient postérieures à celles des Fantuzi, des L. D., des Mignon. La pointe est plus lourde ; la planche est plus travaillée ; les types sont plus vulgaires. Je ne suis pas frappé du caractère inventif que Renouvier reconnaît à ce maître. Dans sa plus belle estampe, *Apelles dessinant Alexandre et Campaspe*, les ornements ont été pris à une gravure de Mignon. Il serait donc possible que l'auteur dût être recherché parmi les artistes de l'époque qui a suivi la floraison de l'École, de la période flamande. Mais deux pièces que nous décrivons plus loin d'après Mariette et le catalogue Delbecq, les nos 19 et 25, portent la date de 1544 ! Si ces pièces sont effectivement du maître, notre hypothèse se trouverait ruinée, et les différences signalées viendraient seulement d'une différence de talent[2].

---

1. Josse de Voltigem est l'auteur d'une copie de la *Visitation de la Vierge*, de Sébastien del Piombo, qui était placée dans le cabinet de la reine, et d'une copie de la *Sainte Marguerite* de Raphaël. Il a eu d'un premier mariage avec Balthasarde Houin deux filles : Madeleine, femme de David Petit, et Françoise, femme de Jean Bouzé, et un fils, Henry, né le 21 octobre 1593, marié à Madeleine Maquet, qui fut peintre. D'un second mariage avec Catherine Chauvin, il a eu deux fils : Ambroise, né le 19 mars 1598, et Jean, né le 8 octobre 1606, et deux filles : Jeanne, née le 21 janvier 1602, et Marie, qui épousa Jean Rossignol, le 14 septembre 1617. Il est mort le 29 mars 1622 (*Registres paroissiaux d'Avon*). La tradition, rapportée par Nivellon, qui veut que Lebrun ait fait son portrait en 1634, est donc inexacte. Josse de Voltigem était concierge des Héronnières.

2. De ces deux pièces, nous n'avons pu en rencontrer qu'une, le no 25, qui ne nous paraît appartenir ni au maître I ♀ V ni même à l'École de Fontainebleau. C'est une estampe italienne.

Comme, d'ailleurs, il serait impossible de choisir entre Vernansal et Voltigem, de même qu'il n'y a aucune raison de préférer Vigny, Vignolles, Vaquet ou Verdun, le plus sûr est de désigner simplement le maître par son monogramme.

CATALOGUE DE L'ŒUVRE DU MAITRE I♀V.

D'APRÈS LE PRIMATICE

Ornements de Fontainebleau.

1. B. 5. Paysage dans une large bordure d'ornements, où l'on voit à gauche et à droite le terme d'une femme. La marque du graveur est à la gauche d'en bas. L. 376; H. 243.
2. B. 6. Paysage maritime dans un montant d'ornements, composé à gauche et à droite de deux termes de femmes, au-dessus desquelles on voit des amours assis, et au bas un mascaron à grandes cornes. Le chiffre est gravé au milieu du bas, au-dessous d'une grande conque. L. 378; H. 247.
3. B. 7. Montant d'ornements, où l'on remarque, au milieu, la statue d'un homme habillé à la romaine debout dans une sorte de niche. Deux autres figures en bas-relief se voient dans des formes ovales à gauche et à droite. En bas, quatre crocodiles ailés. Le chiffre est gravé, assez gros, vers la gauche du bas; le caractère qui sépare l'I du V diffère un peu de la forme habituelle. L. 385; H. 257.
4. B. 135 des Anonymes. Montant d'ornements, composé de deux statues d'empereurs romains dans des niches pratiquées des deux côtés d'un tableau carré, représentant un paysage. L. 372; H. 216.

Chambre d'Alexandre.

5.. B. 2. Appelles peignant Alexandre et Campaspe. Dans
une bordure ovale d'ornements, où l'on remarque en
bas, à droite une satyresse qui donne à téter à son enfant, à gauche un satyre qui souffle dans un instrument.
Le chiffre est à la droite du bas, sous la jambe de la
satyresse. H. 444; L. 296.

Le tableau existe encore; il a été gravé par L. D.
(F. H. 13). L'encadrement rappelle celui d'une des
planches de Mignon. (F. H. 11.)

6. Alexandre couché sur le lit où va monter Thalestris, qui
se dirige vers la droite et qui lui donne la main. A gauche, des enfants jouant avec une cuirasse. Dans le
fond, une voûte et un escalier avec des guerriers. La
marque est à droite en bas. H. 265; L. 240. (B. N.)

Le tableau existe encore.

Porte Dorée.

7. Junon chez le Sommeil. La déesse descend de son char
pour réveiller le Sommeil appuyé sur un dragon à tête
de cheval. A ses pieds, trois masques. Derrière, un
satyre soulève la toile de la tente. La marque est à gauche en bas. L. 332; H. 230. (B. N.)

Voir, pour l'identification, Dimier (*Le Primatice*,
p. 499).

———

8. Pass. 14. Vénus debout devant un fauteuil. Nous ne connaissons pas cette pièce, qui n'est peut-être qu'une
épreuve de la planche de L. D. (F. H. 45); celle-ci
porte le monogramme de l'éditeur Visscher : *I C V ex.*,
qui a pu être une cause de confusion. C'est sur la foi de
Brulliot et de Passavant que nous l'insérons dans notre
catalogue.

9. Pass. 11. Moïse tire l'eau du rocher. La marque est à
gauche en bas. L. 410; H. 272.

La composition n'a aucun rapport avec un tableau du
Primatice, de la galerie de l'Archiduc, représentant le
même sujet, tableau gravé par F. Libefetius.

10. Pass. 12. Sainte Famille. L'enfant Jésus, sur les genoux
de la Vierge, reçoit une branche de fruits de St Jean-
Baptiste. Ste Élisabeth est à droite de la Vierge. A gauche en bas, un chat. Sur le bord d'une écuelle, à droite,
se trouve la marque du graveur. H. 373; L. 3o8.

Passavant attribue la composition à Raphaël. La pièce
se trouve à la Bibliothèque nationale, dans le carton du
Primatice.

11. Mars et Vénus assis. A gauche, l'Amour, les yeux bandés,
couronne Vénus. A gauche en bas, *Roma F.* H. 345;
L. 286. (B. N.; B^x-A.)

C'est Renouvier qui attribue cette estampe au maître.
Brulliot la considère comme une eau-forte italienne, qui
peut être du XVIIe siècle (2e partie, n° 743).

12. B. 61 des Anonymes. Vénus regardant Mars, qui dort
assis dans son lit. H. 296; L. 273.

D'APRÈS JULES ROMAIN

13. B. 3. Vénus dans un char conduit par deux cygnes. La
marque est à la droite d'en bas. L. 465; H. 297.

14. B. 4. La Chasse du Sanglier de Calydon. La marque est
à la gauche d'en bas. L. 563? H. 341?

15. Pass. 15. Deux Amours avec deux grands cygnes. La marque est sur une pierre en bas, à droite. L. 378; H. 155.

16. B. 74 des Anonymes. Proserpine confiant à Psyché la
boîte remplie de beauté. La marque est au milieu du
haut. Pièce cintrée par en haut. L. 441; diamètre de la
H. 210, marge comprise.

Bartsch n'a pas vu la marque du graveur, qui se perd
un peu dans les travaux. Un anonyme, sans doute Ferdinand, a copié la même composition, dans des dimensions un peu différentes. Cette copie porte à gauche les
mots : *Giul. Romano.*

D'APRÈS LE ROSSO

17. B. 33 des Anonymes. St Pierre et St Paul debout, avec les armes de France, en haut. Au bas de l'estampe, on lit :

I R
INVEN
TEVR
IVB

H. 349; L. 235.

Les Lettres I. R. désigneraient Rosso (Giovambattista di Jacopo), et les lettres I V B seraient la marque du graveur.

18. B. 32 des Anonymes. Ste Famille. A la droite du bas sont les lettres I V R (Bartsch a lu I V B), qui, ne pouvant désigner Jules Romain comme auteur de la composition, doivent être prises pour la marque du graveur. A moins d'imaginer un artiste spécial pour cette pièce et pour la précédente, il faut donc les comprendre dans l'œuvre du maître I ♀ V. H. 317; L. 272.

C'est une copie en contre-partie d'une estampe de Fantuzi (F. H. 36). Il existe une autre copie anonyme dans le sens de Fantuzi, très barbare d'aspect. H. 265 ; L. 225.

D'APRÈS ANDRÉ DEL SARTE

19. La Charité. « Une femme, accompagnée de plusieurs enfants représentant la Charité, tableau fameux d'André del Sarte qu'il peignit en France pour François Ier et qui est encore dans le cabinet du Roy. J'en connois une estampe extrêmement mal gravée à l'eau-forte et encore plus mal dessinée par un ancien graveur françois, je croy celui qui se servoit de la marque I ♀ V. Il n'y a sur la planche aucun nom de maître, seulement la date 1544. Cette estampe n'est singulière que parce qu'elle repré-

5

sente un tableau qui n'a jamais été gravé que cette seule fois. » Mariette, *Abecedario*. H. 270; L. 189.

Le tableau, qui est actuellement au Louvre, a long-temps fait partie de la collection de Fontainebleau. Du temps de l'abbé Guilbert, on avait substitué à l'original une copie de Michelin. Il a été souvent gravé depuis le jour où Mariette écrivait ces lignes.

D'après le Pontormo (J. Carrucci)

20. B. 8 des Anonymes. « La Présentation de la Ste Vierge, peinte au cloître de l'avant-cour de l'Annonciade, à l'eau-forte, par celui qui se servoit de cette marque I ♀ V. Très belle composition. Cette estampe est assez grande et en hauteur. » Mariette. H. 137; L. 117.

Une ancienne copie de ce tableau est au Louvre.

Cette estampe est attribuée à Geoffroy Dumoustier par Robert-Dumesnil, qui, pour se conformer aux indications des anciens inventaires, en donnait la composition au Rosso.

D'après Polidore de Caravage

21. B. 1. Les Ambassadeurs romains venant trouver Brennus. La marque du graveur est à la droite d'en bas, sur une pierre carrée. L. 329; H. 235.
22. Pass. 13. La Mort des enfants de Niobé. L. 345; H. 235.
23. Pass. 16. Un jeune homme à cheval. La marque est à l'angle d'en bas, à gauche. H. 200; L. 154.

Une copie gravée au burin, en contre-partie, porte un monogramme¹ composé des lettres A et T inscrites l'une dans l'autre.

---

1. Cette marque appartient, d'après Brulliot qui la reproduit. Ire partie, n° 733. à un ancien graveur allemand dont on ne connaît pas le nom. La même marque, un peu modifiée pourtant, se retrouve sur des copies de Hans Sebald Beham, datées de 1525, sur des copies d'Albert Durer, et sur une copie de Marc Antoine.

24. B. 82 des Anonymes. Deux héros armés de toutes pièces. H. 350? L. 342.

L'attribution au maître est de Passavant.

25. *Catalogue Delbecq*, mars 1845 (n° 449). Rome couronnée par la Victoire, figure allégorique de femme armée et casquée, la lance dans la main droite et la main gauche appuyée sur un bouclier. Elle est assise de face, sur le globe du monde, au milieu d'armures et de faisceaux; à gauche, la Victoire, debout, les ailes étendues, lui met une couronne sur la tête. Au haut de la gauche, *Roma* H F et la marque I V suivie du signe. Vers le milieu du haut, l'indication d'un autre signe renversé et le V à rebours. Au bas de la droite, la date 1544. H. 144; L. 126[1].

26. Thésée tuant le Minotaure au milieu de ses victimes. Pièce citée par Renouvier.

27. Un homme nu, laid, vu de face, monte en arrière sur un tronc d'arbre, le visage tourné vers la droite; il est entouré de ruines. Au burin. H. 315; L. 215. (B. N.)

28. Pass. 17. Paysage ovale. La marque, un peu modifiée et renversée, est sur le devant, à droite, dans l'ombre d'un rocher. L. 269; H. 150.

---

1. Cette description, empruntée au catalogue Delbecq, est exacte, mais l'aspect général de l'estampe, que nous avons sous les yeux, ne justifie pas l'attribution proposée. La marque caractéristique ♀ n'est pas distinctement exprimée. C'est plutôt une eau forte italienne, comme le n° 11. Cependant la même composition se trouve dans le recueil des dessins originaux de Lambert Lombard (collection d'Arenberg à Bruxelles), mais avec la date de 1549.

FONTAINEBLEAU. — MAURICE BOURGES, imp. breveté

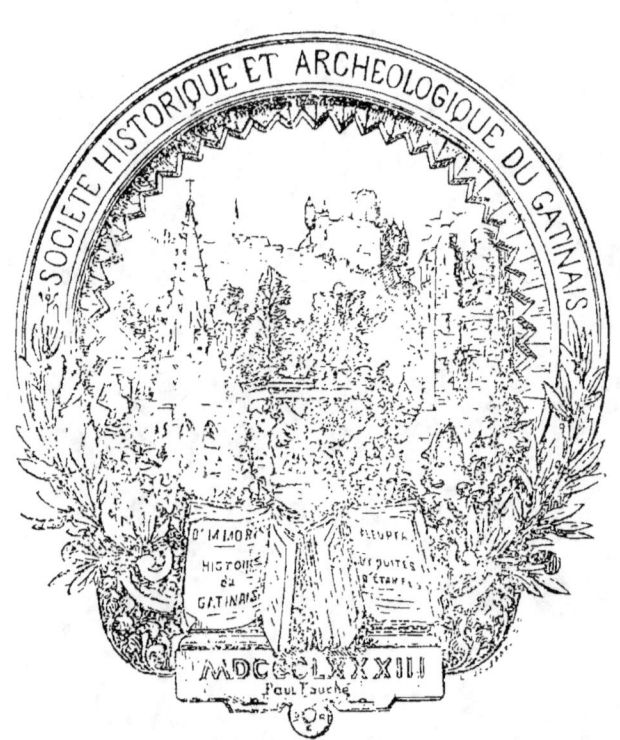

SOCIÉTÉ HISTORIQUE ET ARCHEOLOGIQUE DU GATINAIS

D'LA MORT
HISTOIRE
du
GATINAIS

FLEURTE
ANTIQUITÉS
D'ÉTAMPES

MDCCCLXXXIII
Paul Fouché

www.ingramcontent.com/pod-product-compliance
Lightning Source LLC
Chambersburg PA
CBHW071424220526
45469CB00004B/1421